Sinopses JURÍDICAS

VOLUME 6

TOMO II

DIREITO CIVIL

www.editorasaraiva.com.br/direito
Visite nossa página

CARLOS ROBERTO GONÇALVES

Mestre em Direito Civil pela PUC-SP.
Desembargador aposentado do Tribunal de Justiça de São Paulo.
Membro da Academia Brasileira de Direito Civil.

DIREITO CIVIL

DIREITO DAS OBRIGAÇÕES
Parte Especial – Responsabilidade Civil

VOLUME 6

TOMO II

15ª edição

2018

saraiva jur

ISBN 978-85-472-0610-9 obra completa
ISBN 978-85-472-2778-4 volume 6, tomo II

DADOS INTERNACIONAIS DE CATALOGAÇÃO NA PUBLICAÇÃO (CIP)
ANGÉLICA ILACQUA CRB-8/7057

Gonçalves, Carlos Roberto

Direito civil : direito das obrigações - volume 6 - tomo II : parte especial, responsabilidade civil / Carlos Roberto Gonçalves. – 15. ed. – São Paulo : Saraiva Educação, 2018. – (Coleção sinopses jurídicas; v. 6, t. 2)

1. Direito civil I. Título II. Série.

17-1596 CDU 347

Índice para catálogo sistemático:

1. Direito civil 347

SOMOS EDUCAÇÃO | saraiva jur

Av. das Nações Unidas, 7.221, 1º andar, Setor B
Pinheiros – São Paulo – SP – CEP 05425-902

SAC
0800-0117875
De 2ª a 6ª, das 8h às 18h
www.editorasaraiva.com.br/contato

Data de fechamento da edição: 4-12-2017

Dúvidas? Acesse www.editorasaraiva.com.br/direito

CL 604698 CAE 623934

Abreviaturas

ADI	–	Ação Direta de Inconstitucionalidade
AgI	–	Agravo de Instrumento
Ap.	–	Apelação
art.	–	artigo
CC	–	Código Civil
CComp	–	Conflito de Competência
CDC	–	Código de Defesa do Consumidor
cf.	–	conferir
CP	–	Código Penal
CPC	–	Código de Processo Civil
CPP	–	Código de Processo Penal
Des.	–	Desembargador
DJ	–	*Diário da Justiça*
DJU	–	*Diário da Justiça da União*
DOU	–	*Diário Oficial da União*
EI	–	Embargos Infringentes
Embs.	–	Embargos
EREsp	–	Embargos no Recurso Especial
inc.	–	inciso
j.	–	julgado(a)
JTACSP	–	*Julgados do Tribunal de Alçada Civil de São Paulo*
JTJ-Lex	–	*Jurisprudência do Tribunal de Justiça* (Ed. Lex)
Min.	–	Ministro
n.	–	número
p.	–	página
p. ex.	–	por exemplo
RE	–	Recurso Extraordinário

rel. – relator
REsp – Recurso Especial
RJTJSP – *Revista de Jurisprudência do Tribunal de Justiça de São Paulo*
RSTJ – *Revista do Superior Tribunal de Justiça*
RT – *Revista dos Tribunais*
RTJ – *Revista Trimestral de Jurisprudência*
s. – seguintes
STF – Supremo Tribunal Federal
STJ – Superior Tribunal de Justiça
T. – Turma
TJRJ – Tribunal de Justiça do Rio de Janeiro
TJRN – Tribunal de Justiça do Rio Grande do Norte
TJRS – Tribunal de Justiça do Rio Grande do Sul
TJSP – Tribunal de Justiça de São Paulo
v. – volume
v. – *vide*
v.g. – *verbi gratia*

Índice

LIVRO III

LIVRO IV

Livro I
IDEIAS GERAIS SOBRE A RESPONSABILIDADE CIVIL

1 INTRODUÇÃO

A teoria da responsabilidade civil integra o direito obrigacional, pois a principal consequência da prática de um ato ilícito é a obrigação que acarreta, para seu autor, de reparar o dano, obrigação esta de natureza pessoal, que se resolve em perdas e danos. Costuma-se conceituar a "obrigação" como "o vínculo jurídico que confere ao credor o direito de exigir do devedor o cumprimento da prestação". É o patrimônio deste que responde por suas obrigações.

As fontes das obrigações previstas no Código Civil são: a vontade humana (os contratos, as declarações unilaterais da vontade e os atos ilícitos) e a vontade do Estado (a lei). As obrigações derivadas dos "atos ilícitos" são as que se constituem por meio de ações ou omissões culposas ou dolosas do agente, praticadas com infração a um dever de conduta e das quais resulta dano para outrem. A obrigação que, em consequência, surge é a de indenizar ou ressarcir o prejuízo causado. A violação do dever jurídico de não lesar outrem (*neminem laedere*), imposto a todos no art. 186, configura o ato ilícito civil, que gera a obrigação de indenizar.

O Código Civil brasileiro de 1916 dedicou poucos dispositivos à responsabilidade civil, o mesmo acontecendo com o de 2002, que apenas consignou, na Parte Geral, nos arts. 186, 187 e 188, a regra geral da responsabilidade extracontratual (aquiliana) e algumas excludentes. Na Parte Especial, estabeleceu a regra básica da responsabilidade contratual no art. 389 e dedicou dois capítulos à "obrigação de indenizar" e à "indenização", sob o título "Da Responsabilidade Civil".

O estudo da responsabilidade civil desenvolveu-se entre nós sob influência da jurisprudência francesa. Importante papel nesse desenvolvimento coube, então, à doutrina e à jurisprudência, fornecendo subsídios à solução dos incontáveis litígios diariamente submetidos à apreciação do Judiciário. O Projeto de Lei n. 634-B, de 1975, que se transformou no Código Civil, melhor sistematizou a matéria, dedicando um título especial e autônomo à responsabilidade civil. Contudo, repetiu, em grande parte, *ipsis litteris*, alguns dispositivos, corrigindo a redação de outros; trouxe, porém, poucas inovações. Perdeu-se a oportunidade, por exemplo, de estabelecer a extensão e os contornos do dano moral, bem como a de se disciplinar sua liquidação, prevendo alguns parâmetros básicos destinados a evitar decisões díspares, relegando novamente à jurisprudência essa tarefa.

No campo da responsabilidade civil encontra-se a indagação sobre se o prejuízo experimentado pela vítima deve ou não ser reparado por quem o causou e em que condições e de que maneira deve ser estimado e ressarcido. Em regra, procura-se recolocar o lesado na situação anterior (princípio da *restitutio in integrum*). Como nem sempre isso é possível, faz-se a compensação por meio de uma indenização, fixada em proporção ao dano.

2 CULPA E RESPONSABILIDADE

A responsabilidade civil, tradicionalmente, baseia-se na ideia de culpa. O legislador pátrio, contornando a discussão sobre o vocábulo *faute* no direito francês, preferiu valer-se da noção de ato ilícito, como causa da responsabilidade civil. Assim, o art. 186 do Código Civil brasileiro define o que entende por comportamento culposo do agente causador do dano: "ação ou omissão voluntária, negligência ou imprudência". Em consequência, fica o agente obrigado a reparar o dano. Não basta, para gerar o dever de indenizar, a prática de um ato lesivo aos interesses de outrem. É indispensável a ilicitude, que constitui a violação de um dever jurídico preexistente ("violar direito *e* causar dano", como preceitua o art. 186). Sendo lícita a conduta, em princípio não haverá obrigação de indenizar, ainda que prejudicial a terceiro. O patrão que despede o empregado, nos casos em que a lei o autoriza a fazê-lo, não está obrigado a indenizá-lo, malgrado sofra este um dano patrimonial. Por outro lado, só acarretará a obrigação de indenizar a conduta ilícita que causar dano a outrem. Sem dano, a ação de indenização não terá objeto.

É consenso geral que não se pode prescindir, para a correta conceituação de culpa, dos elementos "previsibilidade" e comportamento do *homo medius*. Só se pode, com efeito, cogitar de culpa quando o evento é previsível. Se, ao contrário, é imprevisível, não há cogitar de culpa. O art. 186 do Código Civil pressupõe sempre a existência de culpa *lato sensu*, que abrange o dolo (pleno conhecimento do mal e perfeita intenção de o praticar) e a culpa *stricto sensu*, ou aquiliana (violação de um dever que o agente podia conhecer e observar, segundo os padrões de comportamento médio).

A imprevidência do agente, que dá origem ao resultado lesivo, pode apresentar-se sob as seguintes formas: imprudência, negligência ou imperícia. O termo "negligência", usado no art. 186, é amplo e abrange a ideia de imperícia, pois possui um sentido lato de omissão ao cumprimento de um dever. A conduta imprudente consiste em agir o sujeito sem as cautelas necessárias e implica sempre pequena consideração pelos interesses alheios. A negligência é a falta de atenção, a ausência de reflexão necessária, em virtude da qual deixa o agente de prever o resultado que podia e devia ser previsto. A imperícia consiste, sobretudo, na inaptidão técnica, na ausência de conhecimentos para a prática de um ato; é, em suma, a culpa profissional. O previsível da culpa se mede pelo padrão médio de comportamento.

Nos últimos tempos vem ganhando terreno a chamada teoria do risco, que, sem substituir a teoria da culpa, cobre muitas hipóteses em que o apelo às concepções tradicionais se revela insuficiente para a proteção da vítima. A responsabilidade seria encarada sob o aspecto objetivo: o agente indeniza não porque tenha culpa, mas porque é o proprietário do bem ou o responsável pela atividade que provocou o dano. Na teoria do risco se subsume a ideia do exercício de atividade perigosa como fundamento da responsabilidade civil. O exercício de atividade que possa oferecer algum perigo representa um risco, que o agente assume, de ser obrigado a ressarcir os danos que venham resultar a terceiros dessa atividade.

A responsabilidade objetiva funda-se num princípio de equidade, existente desde o direito romano: aquele que lucra com uma situação deve responder pelo risco ou pelas desvantagens dela resultantes. Quem aufere os cômodos (ou lucros) deve suportar os incômodos (ou riscos).

3 IMPUTABILIDADE E RESPONSABILIDADE

O art. 186 do Código Civil pressupõe o elemento imputabilidade, ou seja, a existência, no agente, da livre determinação de vontade. Para que alguém pratique um ato ilícito e seja obrigado a reparar o dano causado, é necessário que tenha capacidade de discernimento. Aquele que não pode querer e entender não incorre em culpa e, por isso, não pratica ato ilícito.

3.1. A RESPONSABILIDADE DOS AMENTAIS

A concepção clássica considera que, sendo o amental inimputável, não é ele responsável civilmente. Se vier a causar dano a alguém, o ato equipara-se à força maior ou ao caso fortuito. Se a responsabilidade não puder ser atribuída ao encarregado de sua guarda, a vítima ficará irressarcida. Pessoas assim geralmente têm um curador, incumbido de sua guarda ou vigilância. E o art. 1.521, II, do Código Civil de 1916 responsabilizava o curador pelos atos dos curatelados que estivessem sob sua guarda, salvo se provasse não ter havido negligência de sua parte (art. 1.523). Se a responsabilidade, entretanto, não pudesse ser atribuída à pessoa incumbida de sua guarda, ou se esta não tivesse bens, a vítima ficava irressarcida, da mesma maneira que ocorreria na hipótese de caso fortuito.

Esse capítulo da responsabilidade civil, no Brasil, estava a exigir uma corajosa revisão, principalmente nos casos de amental afortunado. Assimilando a melhor orientação já vigente nos diplomas civis de diversos países (Suíça, Espanha, México, p. ex.), o Código Civil substituiu o princípio da irresponsabilidade absoluta da pessoa incapaz de exprimir sua vontade pelo princípio da responsabilidade mitigada e subsidiária, dispondo no art. 928:

"O incapaz responde pelos prejuízos que causar, se as pessoas por ele responsáveis não tiverem obrigação de o fazer ou não dispuserem de meios suficientes.

Parágrafo único. A indenização prevista neste artigo, que deverá ser equitativa, não terá lugar se privar do necessário o incapaz ou as pessoas que dele dependem".

Desse modo, se a vítima não conseguir receber a indenização da pessoa encarregada de sua guarda, poderá o juiz, mas somente se o incapaz for abastado, condená-lo ao pagamento de uma indenização equitativa.

Observe-se que a vítima somente não será indenizada pelo curador se este não tiver patrimônio suficiente para responder pela obrigação. Não se admite mais que dela se exonere provando que não houve negligência de sua parte. O art. 933 do Código Civil prescreve, com efeito, que as pessoas indicadas nos incisos I a V do artigo antecedente (pais, tutores, curadores, empregadores, donos de hotéis e de escolas, e os que gratuitamente houverem participado nos produtos do crime) responderão pelos atos praticados pelos terceiros ali referidos, "ainda que não haja culpa de sua parte".

Aguiar Dias entende que, se o alienado mental não tem curador nomeado, mas vive em companhia do pai, este responde pelo ato do filho, não com base no art. 1.521, I, mas sim no art. 159 (do CC de 1916, correspondentes, respectivamente, aos arts. 932, I, e 186 do atual diploma), pois decorre de omissão culposa na vigilância de pessoa privada de discernimento, não a fazendo internar ou não obstando ao ato danoso. E, se o amental não está sob o poder de ninguém, responderão seus próprios bens pela reparação, pois "a reparação do dano causado por pessoas nessas condições se há de resolver fora dos quadros da culpa" (*Da responsabilidade civil*, 4. ed., Forense, p. 561 e 574). Seria, neste caso, uma hipótese de responsabilidade objetiva.

O referido sistema sofreu profunda alteração introduzida pela Lei n. 13.146, de 6 de julho de 2015, denominada "Estatuto da Pessoa com Deficiência", considerando o deficiente, o enfermo ou o excepcional pessoas plenamente capazes. A referida lei revogou expressamente os incisos II e III do art. 3º do Código Civil e também a parte final do inciso II do art. 4º, dando ainda nova redação ao inciso III.

As pessoas mencionadas nos dispositivos revogados, sendo agora "pessoas capazes" (salvo se não puderem exprimir a sua vontade, como prevê o art. 4º, III, do CC, como causa permanente), responderão pela indenização com os seus próprios bens, afastada a responsabilidade subsidiária prevista no mencionado art. 928 do Código Civil. Mesmo que, "quando necessário", sejam interditados e tenham um curador, como permite o art. 84, § 1º, da retromencionada Lei n. 13.146/2015.

3.2. A RESPONSABILIDADE DOS MENORES

O art. 156 do Código Civil de 1916 tratava da responsabilidade civil do menor púbere nestes termos:

"O menor, entre 16 e 21 anos, equipara-se ao maior quanto às obrigações resultantes de atos ilícitos, em que for culpado".

Sendo o menor impúbere, com menos de 16 anos, inimputável, tinha aplicação o art. 1.521, I, do referido diploma, que responsabilizava os pais pelos atos praticados pelos filhos menores que estivessem sob sua guarda. Desse modo, a vítima não ficaria irressarcida. O pai era responsável pelo filho menor de 21 anos. Se este tivesse idade entre 16 e 21 anos, e possuísse bens, poderia ser também responsabilizado, solidariamente com o pai ou sozinho (cf. *RJTJSP*, 107:150). Se fosse menor de 16 anos, somente o pai seria responsabilizado, pois era civilmente inimputável. Se o menor estivesse sob tutela, aplicar-se-ia o inciso II do referido art. 1.521, que responsabilizava o tutor pelos atos dos pupilos que se achassem sob seu poder.

O Código Civil de 2002 não contém dispositivo semelhante ao mencionado art. 156 do diploma de 1916. Porém, reduz o limite da menoridade, de 21 para 18 anos completos, permitindo que os pais emancipem os filhos menores que completarem 16 anos de idade. No art. 928, retrotranscrito, refere-se ao "incapaz" de forma geral, abrangendo tanto os loucos como os menores de 18 anos, que passam a ter responsabilidade mitigada e subsidiária, como já se afirmou.

Em primeiro lugar, a obrigação de indenizar cabe às pessoas responsáveis pelo incapaz (amental ou menor de 18 anos). Este só será responsabilizado se aquelas não dispuserem de meios suficientes para o pagamento. Mas a indenização, neste caso, que deverá ser equitativa, não terá lugar se privar do necessário o incapaz, ou as pessoas que dele dependam. Não mais se admite que os responsáveis pelo menor, pais e tutores, se exonerem da obrigação de indenizar, provando que não foram negligentes na guarda, porque, como já mencionado, o art. 933 do diploma de 2002 dispõe que a responsabilidade dessas pessoas independe de culpa.

Se os pais emancipam o filho voluntariamente, a emancipação produz todos os efeitos naturais do ato, menos o de isentar os primeiros da responsabilidade pelos atos ilícitos praticados pelo segundo, consoante proclama a jurisprudência. Tal não acontece quando a emancipação decorre do casamento ou das outras causas previstas no art. 5º, parágrafo único, do Código Civil.

Quadro sinótico – Ideias gerais sobre responsabilidade civil

<table>
<tr><td>1. Introdução</td><td colspan="2">A teoria da responsabilidade civil integra o direito obrigacional, pois a principal consequência da prática de um ato ilícito é a obrigação que acarreta, para seu autor, de reparar o dano, obrigação esta de natureza pessoal, que se resolve em perdas e danos.</td></tr>
<tr><td>2. Culpa e responsabilidade</td><td colspan="2">A responsabilidade civil, tradicionalmente, baseia-se na ideia de culpa. O art. 186 do CC define o que entende por comportamento culposo: "ação ou omissão voluntária, negligência ou imprudência". Em consequência, fica o agente obrigado a reparar o dano (art. 927).
Nos últimos tempos vem ganhando terreno a chamada teoria do risco, que, sem substituir a teoria da culpa, cobre muitas hipóteses em que esta se revela insuficiente para a proteção da vítima. A responsabilidade seria encarada sob o aspecto objetivo: o agente indeniza não porque tenha culpa, mas porque é o proprietário do bem ou o responsável pela atividade que provocou o dano.</td></tr>
<tr><td rowspan="2">3. Imputabilidade e responsabilidade</td><td>A responsabilidade dos loucos</td><td>O CC/2002 substituiu o princípio da irresponsabilidade absoluta da pessoa privada de discernimento pelo princípio da responsabilidade mitigada e subsidiária (art. 928). Se a vítima não conseguir receber a indenização do curador (art. 932, II), poderá o juiz, mas somente se o incapaz for abastado, condená-lo ao pagamento de uma indenização equitativa.</td></tr>
<tr><td>A responsabilidade dos menores</td><td>A obrigação de indenizar cabe às pessoas responsáveis pelo menor (art. 932, I e II).
Este só será responsabilizado se aquelas não dispuserem de meios suficientes para o pagamento. Mas a indenização, que deverá ser equitativa, não terá lugar se privar o menor do necessário (art. 928).</td></tr>
</table>

4 RESPONSABILIDADE CIVIL E RESPONSABILIDADE PENAL

A ilicitude é chamada de civil ou penal tendo em vista exclusivamente a norma jurídica que impõe o dever violado pelo agente. Na responsabilidade penal, o agente infringe uma norma penal de direito público. O interesse lesado é o da sociedade. Na responsabilidade civil, o interesse diretamente lesado é o privado. O prejudicado poderá pleitear ou não a reparação. Se, ao causar dano, o agente transgride, também, a lei penal, ele se torna, ao mesmo tempo, obrigado civil e penalmente. A responsabilidade penal é pessoal, intransferível. Responde o réu com a privação de sua liberdade. A responsabilidade civil é patrimonial: é o patrimônio do devedor que responde por suas obrigações. Ninguém pode ser preso por dívida civil, exceto o devedor de pensão oriunda do direito de família.

A responsabilidade penal é pessoal também em outro sentido: a pena não pode ultrapassar a pessoa do delinquente. No cível, há várias hipóteses de responsabilidade por ato de outrem (cf. art. 932 do CC, p. ex.). A tipicidade é um dos requisitos genéricos do crime. No cível, entretanto, qualquer ação ou omissão pode gerar responsabilidade, desde que viole direito e cause prejuízo a outrem (CC, art. 186). A culpabilidade é bem mais ampla na área cível (a culpa, ainda que levíssima, obriga a indenizar). Na esfera criminal se exige, para a condenação, que a culpa tenha certo grau ou intensidade. Na verdade, a diferença é apenas de grau ou de critério de aplicação, porque substancialmente a culpa civil e a culpa penal são iguais, pois têm os mesmos elementos. A imputabilidade também é tratada de modo diverso. Somente os maiores de 18 anos são responsáveis criminalmente. No cível, os incapazes podem ser responsabilizados, de forma mitigada, se as pessoas encarregadas de sua guarda ou vigilância não puderem fazê-lo, e desde que não fiquem privados do necessário.

5 RESPONSABILIDADE SUBJETIVA E RESPONSABILIDADE OBJETIVA

A teoria clássica, também chamada de teoria da culpa ou subjetiva, pressupõe a culpa como fundamento da responsabilidade civil. Não havendo culpa, não há responsabilidade. Diz-se, pois, ser subjetiva a responsabilidade quando se esteia na ideia de culpa. A prova da culpa (em sentido lato, abrangendo o dolo ou a culpa em sentido estrito) passa a ser pressuposto necessário do dano indenizável.

A lei impõe, entretanto, a certas pessoas, em determinadas situações, a reparação de um dano cometido independentemente de culpa. Quando isso acontece, diz-se que a responsabilidade é legal ou objetiva, porque prescinde da culpa e se satisfaz apenas com o dano e o nexo de causalidade. Essa teoria, dita objetiva ou do risco, tem como postulado que todo dano é indenizável e deve ser reparado por quem a ele se liga por um nexo de causalidade, independentemente de culpa. Nos casos de responsabilidade objetiva, não se exige prova de culpa do agente para que seja obrigado a reparar o dano. A classificação corrente e tradicional, pois, denomina objetiva a responsabilidade que independe de culpa. Esta pode ou não existir, mas será sempre irrelevante para a configuração do dever de indenizar. Nessa classificação, os casos de culpa presumida são considerados hipóteses de responsabilidade subjetiva, pois se fundam ainda na culpa, mesmo que presumida. Na responsabilidade objetiva prescinde-se totalmente da prova da culpa. Basta, assim, que haja relação de causalidade entre a ação e o dano.

Uma das teorias que procuram justificar a responsabilidade objetiva é a teoria do risco. Para essa teoria, toda pessoa que exerce alguma atividade cria um risco de dano para terceiros. E deve ser obrigada a repará-lo, ainda que sua conduta seja isenta de culpa. A responsabilidade civil desloca-se da noção de culpa para a ideia de risco, ora encarada como "risco-proveito", que se funda no princípio segundo o qual é reparável o dano causado a outrem em consequência de uma atividade realizada em benefício do responsável (*ubi emolumentum, ibi onus*, isto é, quem aufere os cômodos (lucros) deve suportar os incômodos ou riscos), ora mais genericamente, como "risco criado", a que se subordina todo aquele que, sem indagação de culpa, expuser alguém a suportá-lo, em razão de uma atividade perigosa, ora, ainda, como "risco profissional", decorrente da atividade ou profissão do lesado, como ocorre nos acidentes do trabalho.

O Código Civil brasileiro filiou-se à teoria subjetiva. É o que se pode verificar no art. 186, que erigiu o dolo e a culpa como fundamentos para a obrigação de reparar o dano. A responsabilidade subjetiva subsiste como regra necessária, sem prejuízo da adoção da responsabilidade objetiva, em dispositivos vários e esparsos.

Podem ser lembrados como de responsabilidade objetiva, em nosso diploma civil, os arts. 936, 937 e 938, que tratam, respectivamente, da responsabilidade do dono do animal, do dono do prédio em ruína e do habitante da casa da qual caírem coisas. E ainda: os arts. 929 e 930, que preveem a responsabilidade por ato lícito (estado de necessidade); os arts. 939 e 940, sobre a responsabilidade do credor que demanda o devedor antes de vencida a dívida ou por dívidas já pagas; o art. 933, pelo qual os pais, tutores, curadores, empregadores e outros respondem, independentemente de culpa, pelos atos danosos de terceiros; o parágrafo único do art. 927, que trata da obrigação de reparar o dano, independentemente de culpa, nos casos especificados em lei, ou quando a atividade normalmente desenvolvida pelo autor do dano implicar, por sua natureza, risco para os direitos de outrem.

Em diversas leis esparsas, a tese da responsabilidade objetiva foi sancionada: a Lei de Acidentes do Trabalho, o Código Brasileiro de Aeronáutica, a Lei n. 6.453/77 (que estabelece a responsabilidade do operador de instalação nuclear), o Decreto legislativo n. 2.681, de 1912 (que regula a responsabilidade civil das estradas de ferro), a Lei n. 6.838/81 (que trata dos danos causados ao meio ambiente), o Código de Defesa do Consumidor e outras.

Isso significa que a responsabilidade objetiva não substitui a subjetiva, mas fica circunscrita a seus justos limites. Na realidade, as duas formas de responsabilidade conjugam-se e dinamizam-se. Sendo a teoria subjetiva insuficiente para atender às imposições do progresso, cumpre ao legislador e ao juiz, este na hipótese do parágrafo único do art. 927, fixar especialmente os casos em que deverá ocorrer a obrigação de reparar, independentemente daquela noção.

6 RESPONSABILIDADE CONTRATUAL E EXTRACONTRATUAL

Uma pessoa pode causar prejuízo a outrem por descumprir obrigação contratual (dever contratual). Por exemplo: o ator que não comparece para apresentar o espetáculo contratado; o comodatário que não devolve a coisa que lhe foi emprestada porque, por sua culpa, ela pereceu. O inadimplemento contratual acarreta a responsabilidade de indenizar as perdas e danos, nos termos do art. 389 do Código Civil. Quando a responsabilidade não deriva de contrato, mas de infração ao dever de conduta (dever legal) imposto genericamente no art. 186 do mesmo diploma, diz-se que ela é extracontratual ou aquiliana.

Embora a consequência da infração ao dever legal e ao dever contratual seja a mesma (obrigação de ressarcir o prejuízo causado), o Código Civil brasileiro distinguiu as duas espécies de responsabilidade, acolhendo a teoria dualista e afastando a unitária. Disciplinou a extracontratual nos arts. 186 a 188, sob o título "Dos Atos Ilícitos", complementando a regulamentação nos arts. 927 e s., e a contratual, como consequência da inexecução das obrigações, nos arts. 395 e s. e 389 e s., omitindo qualquer referência diferenciadora. No entanto, algumas diferenças podem ser apontadas: **a)** na responsabilidade contratual, o inadimplemento presume-se culposo. O credor lesado encontra-se em posição mais favorável, pois só está obrigado a demonstrar que a prestação foi descumprida, sendo presumida a culpa do inadimplente (caso do passageiro de um ônibus que fica ferido em colisão deste com outro veículo) por ser contratual – contrato de adesão – a responsabilidade do transportador, que assume, ao vender a passagem, a obrigação de transportar o passageiro são e salvo a seu destino (cláusula de incolumidade); na extracontratual, ao lesado incumbe o ônus de provar culpa ou dolo do causador do dano (caso do pedestre que é atropelado por veículo particular e tem o ônus de provar a imprudência do condutor); **b)** a contratual tem origem na convenção, enquanto a extracontratual a tem na inobservância do dever genérico de não lesar outrem (*neminem laedere*); **c)** a capacidade sofre limitações no terreno da responsabilidade contratual, sendo mais ampla no campo da extracontratual.

7 RESPONSABILIDADE EXTRACONTRATUAL POR ATOS LÍCITOS

Via de regra a obrigação de indenizar assenta-se na prática de um ato ilícito. É o caso, por exemplo, do motorista que tem de pagar as despesas médico-hospitalares e os lucros cessantes da vítima que atropelou por ter agido de forma imprudente. Outras vezes, porém, essa obrigação pode decorrer, como vimos, do exercício de uma atividade perigosa. O dono da máquina que, em atividade, tenha causado dano a alguém (acidente do trabalho, p. ex.) responde pela indenização não porque tenha cometido propriamente um ato ilícito ao utilizá-la, mas por ser quem, utilizando-a em seu proveito, suporta o risco (princípio em que se funda a responsabilidade objetiva).

Em outros casos, ainda, a obrigação de indenizar pode nascer de fatos permitidos por lei e não abrangidos pelo chamado risco social.

Alguns exemplos expressivos podem ser mencionados: o dos atos praticados em estado de necessidade, considerados lícitos pelo art. 188, II, do Código Civil, mas que, mesmo assim, obrigam seu autor a indenizar o dono da coisa, como prevê o art. 929 do mesmo diploma; o do dono do prédio encravado que exige passagem pelo prédio vizinho, mediante o pagamento de indenização cabal (art. 1.285); o do proprietário que penetra no imóvel vizinho para fazer limpeza, reformas e outros serviços considerados necessários (art. 1.313).

8 RESPONSABILIDADE NAS RELAÇÕES DE CONSUMO

Determina a Constituição Federal que "o Estado promoverá, na forma da lei, a defesa do consumidor" (art. 5º, XXXII). Em cumprimento a essa determinação, foi elaborado o Código de Defesa do Consumidor (Lei n. 8.078/90), que entrou em vigor em março de 1991. Tal diploma legal é abrangente, tendo repercutido profundamente nas diversas áreas do direito, inovando em aspectos de direito penal, administrativo, comercial, processual civil e civil, em especial.

Com a evolução das relações sociais e o surgimento do consumo em massa, bem como dos conglomerados econômicos, os princípios tradicionais de nossa legislação privada já não bastavam para reger as relações humanas, sob determinados aspectos. E, nesse contexto, surgiu o Código de Defesa do Consumidor, atendendo a princípio constitucional relacionado à ordem econômica. Partindo da premissa básica de que o consumidor é a parte vulnerável das relações de consumo, o Código pretende restabelecer o equilíbrio entre os protagonistas de tais relações. Assim, declara expressamente o art. 1º que o referido diploma estabelece normas de proteção e defesa do consumidor, acrescentando serem tais normas de ordem pública e de interesse social. De pronto, percebe-se que, tratando-se de relações de consumo, as normas de natureza privada estabelecidas no Código Civil de 1916, no qual campeava o princípio da autonomia da vontade, e em leis esparsas deixaram de ser aplicadas. O Código de Defesa do Consumidor retirou da legislação civil (bem como de outras áreas do direito) a regulamentação das atividades humanas relacionadas com o consumo, criando uma série de princípios e regras em que sobressai não mais a igualdade formal das partes, mas a vulnerabilidade do consumidor, que deve ser protegido.

A incidência do Código de Defesa do Consumidor nos contratos de prestação de serviços em geral não ficou prejudicada pela entrada em vigor do Código Civil. Dispõe este, no art. 593, que "a prestação de serviço, que não estiver sujeita às leis trabalhistas ou a lei especial, reger-se-á pelas disposições deste Capítulo". Em primeiro lugar, portanto, aplica-se aos prestadores de serviço a legislação especial, ou seja, o Código de Defesa do Consumidor, e, subsidiariamente, o Código Civil.

No sistema da legislação consumerista, tanto a responsabilidade pelo fato do produto ou serviço como a oriunda do vício do produto ou serviço são de natureza objetiva, prescindindo do elemento culpa a obrigação de indenizar atribuída ao fornecedor. Em linhas gerais, estipula-se a reparação de danos, tanto patrimoniais como morais, na tutela da própria Constituição de 1988 (art. 5º, V) e sem prejuízo de sancionamentos outros cabíveis. Compreendem-se, em seu contexto, tanto danos a pessoa como a bens, prevalecendo a obrigação de ressarcimento nos casos de vício, falta ou insuficiência de informações, ou seja, tanto em razão de problemas intrínsecos como extrínsecos do bem, ou do serviço. São limitadas as excludentes invocáveis pelo agente, "só" não sendo responsabilizado o fornecedor quando provar que a culpa é exclusiva do consumidor ou de terceiro, que não colocou o produto no mercado ou que, embora haja colocado o produto no mercado, o defeito inexiste (art. 12 do CDC).

Determina-se expressamente a aplicação da teoria da desconsideração da personalidade jurídica (art. 28), e se coloca como um dos direitos básicos do consumidor "a facilitação da defesa de seus direitos, inclusive com a inversão do ônus da prova, a seu favor, no processo civil" (art. 6º, VIII).

9 PRESSUPOSTOS DA RESPONSABILIDADE EXTRACONTRATUAL

A análise do art. 186 do Código Civil, que disciplina a responsabilidade extracontratual, evidencia que quatro são seus elementos essenciais: ação ou omissão, culpa ou dolo do agente, relação de causalidade e dano.

9.1. AÇÃO OU OMISSÃO

Refere-se a lei a qualquer pessoa que, por ação ou omissão, venha a causar dano a outrem. A responsabilidade pode derivar de ato próprio (CC, arts. 940, 953 e s.), de ato de terceiro que esteja sob a guarda do agente (art. 932) e, ainda, de danos causados por coisas (art. 937) e animais (art. 936) que lhe pertençam. Neste último caso, a culpa do dono é presumida (responsabilidade objetiva imprópria). Para que se configure a responsabilidade por omissão é necessário que exista o dever jurídico de praticar determinado fato (de não se omitir) e que se demonstre que, com sua prática, o dano poderia ter sido evitado. O dever jurídico de não se omitir pode ser imposto por lei (dever de prestar socorro às vítimas de acidentes imposto a todo condutor de veículos) ou resultar de convenção (dever de guarda, de vigilância, de custódia) e até da criação de alguma situação especial de perigo.

9.2. CULPA OU DOLO DO AGENTE

Ao se referir à ação ou omissão voluntária, o art. 186 do Código Civil cogitou do dolo. Em seguida, referiu-se à culpa em sentido estrito, ao mencionar a "negligência ou imprudência". Dolo é a violação deliberada, intencional, do dever jurídico. A culpa consiste na falta de diligência que se exige do homem médio. Para que a vítima obtenha a reparação do dano, exige o referido dispositivo legal que prove dolo ou culpa *stricto sensu* (aquiliana) do agente (imprudência, negligência ou imperícia), demonstrando ter sido adotada entre nós a teoria subjetiva. Como essa prova muitas vezes se torna difícil de ser conseguida, o Código Civil em alguns casos responsabiliza o agente independentemente de culpa, como no parágrafo único do art. 927 e no art. 933, e leis especiais também admitem, em hipóteses específicas, casos de responsabilidade independentemente de culpa, fundada no risco.

A teoria subjetiva faz distinções com base na extensão da culpa. Culpa lata ou grave: imprópria ao comum dos homens e a modalidade que mais se avizinha do dolo; culpa leve: falta evitável com atenção ordinária; culpa levíssima: falta só evitável com atenção extraordinária ou com especial habilidade. A culpa grave ao dolo se equipara (*culpa lata dolus equiparatur*). Assim, se em determinado dispositivo legal constar a responsabilidade do agente por dolo, deve-se entender que também responde por culpa grave (CC, art. 392). No cível, a culpa mesmo levíssima obriga a indenizar (*in lege aquilia et levissima culpa venit*). Em geral, não se mede o dano pelo grau de culpa. O montante do dano é apurado com base no prejuízo comprovado pela vítima. Todo dano provado deve ser indenizado, qualquer que seja o grau de culpa. Contudo, "se houver excessiva desproporção entre a gravidade da culpa e o dano, poderá o juiz reduzir, equitativamente, a indenização" (CC, art. 944, parágrafo único). Em algumas poucas leis especiais, o grau de culpa pode ter influência no arbitramento do dano.

9.3. RELAÇÃO DE CAUSALIDADE

É o nexo causal ou etiológico entre a ação ou omissão do agente e o dano verificado. Vem expressa no verbo "causar", empregado no art. 186. Sem ela, não existe a obrigação de indenizar. Se houve o dano mas sua causa não está relacionada com o comportamento do agente, inexiste a relação de causalidade e, também, a obrigação de indenizar. As excludentes da responsabilidade civil, como a culpa da vítima e o caso fortuito e a força maior (CC, art. 393), rompem o nexo de causalidade, afastando a responsabilidade do agente. Assim, por exemplo, se a vítima, querendo suicidar-se, atira-se sob as rodas do veículo, não se pode afirmar ter o motorista "causado" o acidente, pois na verdade foi mero instrumento da vontade da vítima, esta sim responsável exclusiva pelo evento.

9.4. DANO

Sem a prova do dano, ninguém pode ser responsabilizado civilmente. O dano pode ser patrimonial (material) ou extrapatrimonial (moral), ou seja, sem repercussão na órbita financeira do lesado. O Código Civil dedica um capítulo à indenização (arts. 944 a 954), isto é, à liquidação do dano ou modo de se apurarem os prejuízos. Mesmo que haja violação de um dever jurídico, e que tenha existido culpa e até mesmo dolo por parte do infrator, nenhuma indenização será devida sem que se tenha verificado prejuízo. A inexistência de dano torna sem objeto a pretensão a sua reparação. Às vezes a lei presume o dano, como acontece em casos de ofensas aos direitos da personalidade.

Pode ser lembrada como exceção ao princípio de que nenhuma indenização será devida se não tiver ocorrido prejuízo à regra do art. 940 do Código Civil, que obriga a pagar em dobro ao devedor quem demanda dívida já paga, como uma espécie de pena privada pelo comportamento ilícito do credor, mesmo sem prova de prejuízo. E, na responsabilidade contratual, pode ser lembrado o art. 416 do Código Civil, que permite ao credor cobrar a cláusula penal sem precisar provar prejuízo.

Quadro sinótico – Modalidades de responsabilidade

1	**Civil**	O interesse lesado é o privado. O prejudicado poderá pleitear ou não a reparação. É de natureza patrimonial: é o patrimônio do devedor que responde por suas obrigações. Ninguém pode ser preso por dívida civil, exceto o devedor de pensão oriunda do direito de família.
	Penal	O interesse lesado é o da sociedade. O agente infringe uma norma penal, de interesse público. É pessoal, intransferível. Responde o réu com a privação de sua liberdade. É pessoal também no sentido de que a pena não pode ultrapassar a pessoa do delinquente. No cível, ao contrário, há várias hipóteses de responsabilidade por ato de outrem (CC, art. 932, p. ex.).
2	**Subjetiva**	Diz-se ser subjetiva a responsabilidade quando se esteia na ideia de culpa. A prova da culpa passa a ser pressuposto necessário do dano indenizável. O ônus dessa prova incumbe à vítima. Não havendo culpa (dolo ou culpa em sentido estrito), não há responsabilidade.
	Objetiva	Prescinde da culpa e se satisfaz apenas com o dano e o nexo de causalidade. Denominada objetiva ou do risco, tem como postulado que todo dano é indenizável, e deve ser reparado por quem a ele se liga por um nexo de causalidade, independentemente de culpa. No CC brasileiro a responsabilidade subjetiva subsiste como regra necessária (art. 186), sem prejuízo da adoção da responsabilidade objetiva, em dispositivos vários e esparsos (art. 927, parágrafo único, p. ex.).
3	**Contratual**	O inadimplemento contratual acarreta a responsabilidade de indenizar as perdas e danos (CC, art.

<table>
<tr><td rowspan="2">3</td><td>Contratual</td><td>389). Todo inadimplemento se presume culposo. O lesado só está obrigado a demonstrar que a prestação foi descumprida.</td></tr>
<tr><td>Extracontratual</td><td>É a que deriva de infração ao dever de conduta (dever legal) imposto genericamente no art. 186 do CC. É também chamada de responsabilidade aquiliana. Ao lesado incumbe o ônus de provar culpa ou dolo do causador do dano.</td></tr>
<tr><td>4. Responsabilidade por atos lícitos</td><td colspan="2">Via de regra a obrigação de indenizar assenta-se na prática de um ato ilícito. Em alguns casos, todavia, pode resultar de fatos permitidos por lei, como: os praticados em estado de necessidade (art. 929), os praticados pelo proprietário que penetra no imóvel vizinho para fazer limpeza e outros serviços necessários (art. 1.313) etc.</td></tr>
<tr><td>5. Responsabilidade nas relações de consumo</td><td colspan="2">Tanto a responsabilidade pelo fato do produto ou serviço como a oriunda do vício do produto ou serviço são de natureza objetiva, prescindindo do elemento culpa a obrigação de indenizar atribuída ao fornecedor. Determina-se expressamente a aplicação da teoria da desconsideração da personalidade jurídica (CDC, art. 28) e se prevê a facilitação da defesa dos direitos do consumidor, inclusive com a inversão do ônus da prova, a seu favor, no processo civil (CDC, art. 6º, VIII).</td></tr>
<tr><td rowspan="4">6. Pressupostos da responsabilidade extracontratual (art. 186)</td><td>Ação ou omissão</td><td>Alude o art. 186 do CC a qualquer pessoa que, por ação ou omissão, venha a causar dano a outrem. A responsabilidade pode derivar de ato próprio, de ato de terceiro que esteja sob a guarda do agente e, ainda, de danos causados por coisas e animais que lhe pertençam.</td></tr>
<tr><td>Culpa ou dolo do agente</td><td>É necessário, para que a vítima obtenha a reparação do dano, que prove dolo ou culpa stricto sensu (aquiliana) do agente (imprudência, negligência ou imperícia). Em alguns casos, o Código responsabiliza o agente independentemente de culpa (arts. 933 e 927, parágrafo único, p. ex.).</td></tr>
<tr><td>Relação de causalidade</td><td>É o nexo causal ou etiológico entre a ação ou omissão do agente e o dano verificado. Vem expressa no verbo "causar", empregado no art. 186.
A culpa da vítima, o caso fortuito e a força maior (CC, art. 393) rompem o nexo de causalidade, afastando a responsabilidade do agente.</td></tr>
<tr><td>Dano</td><td>Sem a prova do dano, ninguém pode ser responsabilizado civilmente. O dano pode ser patrimonial ou extrapatrimonial (moral), direto ou indireto.</td></tr>
</table>

Livro II
RESPONSABILIDADE EXTRACONTRATUAL

Título I
AÇÃO OU OMISSÃO DO AGENTE

Capítulo I
RESPONSABILIDADE POR ATO PRÓPRIO

10 INFRAÇÃO A UM DEVER

O elemento objetivo da culpa é o dever violado. Para Savatier, "culpa é a inexecução de um dever que o agente podia conhecer e observar". A imputabilidade do agente representa o elemento subjetivo da culpa. A responsabilidade é uma reação provocada pela infração a um dever preexistente.

Qual a natureza do dever jurídico cuja violação induz culpa? Em matéria de culpa contratual, o dever jurídico consiste na obediência ao convencionado. E, na culpa extracontratual, consiste no cumprimento da lei, que impõe a todos o dever de não lesar a outrem, implícito no art. 186 do Código Civil. A exigência de um fato "voluntário" na base do dano exclui do âmbito da responsabilidade civil os danos causados por forças da natureza, bem como os praticados em estado de inconsciência. Para Silvio Rodrigues, a ação ou omissão do agente, que dá origem à indenização, geralmente decorre da infração a um dever, que pode ser legal (disparo de arma em local proibido), contratual (venda de mercadoria defeituosa, no prazo da garantia) e social (com abuso de direito: denunciação caluniosa).

11 O ABUSO DE DIREITO

A doutrina do abuso de direito não exige, para que o agente seja obrigado a indenizar o dano causado, que venha a infringir culposamente um dever preexistente. Mesmo agindo dentro de seu direito, pode, em alguns casos, ser responsabilizado. Prevalece na doutrina, hoje, o entendimento de que o abuso de direito prescinde da ideia de culpa. Ocorre tal fato quando o agente, atuando dentro dos limites da lei, deixa de considerar a finalidade social de seu direito subjetivo e dele exorbita, ao exercê-lo, causando prejuízo a outrem. Embora não haja, em geral, violação aos limites objetivos da lei, o agente desvia-se dos fins sociais a que esta se destina.

O Código Civil brasileiro de 1916 admitiu a ideia do abuso de direito no art. 160, I, embora não o tenha feito de forma expressa. Sustentava-se a existência da teoria em nosso direito positivo, mediante interpretação *a contrario sensu* do aludido dispositivo. Se ali estava escrito não constituir ato ilícito o praticado no exercício regular de um direito reconhecido, é intuitivo que constituía ato ilícito aquele praticado no exercício irregular de um direito. É dessa forma que se encontrava fundamento legal para coibir o exercício anormal do direito em muitas hipóteses. Uma das mais comuns enfrentadas por nossos tribunais era a reiterada purgação da mora pelo inquilino, que passou a ser considerada abusiva pela jurisprudência, até ser limitada pela própria Lei do Inquilinato.

Também servia de fundamento para a aplicação, entre nós, da referida teoria o art. 5º da Lei de Introdução às Normas do Direito Brasileiro, que determina ao juiz, na aplicação da lei, o atendimento aos fins sociais a que ela se dirige e às exigências do bem comum. É que a ilicitude do ato abusivo caracteriza-se sempre que o titular do direito desvia-se da finalidade social para a qual o direito subjetivo foi concedido. Observa-se que a jurisprudência, em regra, considera abuso de direito o ato que constitui o exercício egoístico, anormal do direito, nocivo a outrem, contrário ao destino econômico e social do direito em geral.

Sensível a tais considerações, o legislador expressamente disciplinou o abuso de direito como outra forma de ato ilícito, no Código Civil, nos seguintes termos: "Art. 187. Também comete ato ilícito o titular de um direito que, ao exercê-lo, excede manifestamente os limites impostos pelo seu fim econômico ou social, pela boa-fé ou pelos bons costumes".

Vários dispositivos legais demonstram que no direito brasileiro há uma reação contra o exercício irregular de direitos subjetivos. O art. 1.277 do Código Civil, inserido no capítulo "Dos direitos de vizinhança", permite que se reprima o exercício abusivo do direito de propriedade que perturbe o sossego, a segurança ou a saúde do vizinho. Constantes são os conflitos relativos à perturbação do sossego alegada contra clubes de dança, boates, oficinas mecânicas, terreiros de umbandismo etc. Podem ser mencionados, ainda, como exemplos, os arts. 939, 940, 1.637 e 1.638. O Código de Processo Civil também reprime o abuso de direito nos arts. 77 a 81 e também no processo de execução (arts. 776 e 771, parágrafo único). Observa-se que a teoria do abuso de direito tem aplicação em quase todos os campos do direito, como instrumento destinado a reprimir o exercício antissocial dos direitos subjetivos.

12 ROMPIMENTO DE NOIVADO E SEPARAÇÃO JUDICIAL

É princípio de ordem pública que qualquer dos noivos tem a liberdade de se casar ou de se arrepender. O consentimento deve ser manifestado livremente e ninguém pode ser obrigado a se casar. O arrependimento, portanto, pode ser externado até o instante da celebração. Entretanto, dependendo da forma como se manifesta (sem justo motivo e de forma a acarretar dano material ou moral ao outro), pode dar causa a ação de indenização.

Tendo em vista as futuras núpcias, os noivos realizam despesas de diversas ordens: adquirem peças de enxoval, alugam ou compram móveis e imóveis, adiantam pagamentos de bufês, de enfeites de igreja e do salão de festas, pedem demissão do emprego etc. O arrependimento do outro acarretará, então, prejuízos ao que tomou tais providências. Se não houve justo motivo para a mudança de atitude, o lesado terá o direito de obter a reparação do dano, com base no art. 186 do Código Civil. A responsabilidade do desistente, contudo, só será reconhecida: **a)** se inexistir motivo justo para a retratação, considerando-se como tal, por exemplo, infidelidade, mudança de religião, ruína econômica, condenação criminal, moléstia grave, descobrimento de defeito físico oculto durante o noivado; e **b)** se ficar provado que o rompimento causou dano material ou moral ao ex-noivo ou ex-noiva. Tem-se decidido, com efeito: "Cabe indenização por dano moral e material, pelo rompimento de noivado e desfazimento da cerimônia de casamento já programada, sem qualquer motivo justo" (TJSP, Ap. 90.262-4, j. 3-2-2000).

Quanto às consequências da separação judicial, preleciona Yussef Said Cahali: "Discretamente, nosso direito partilha do entendimento de que basta a imposição do encargo alimentar em favor do inocente, ou da manutenção do dever de assistência em favor do não responsável pela separação judicial, como forma suficiente de ressarcimento do prejuízo sofrido com a dissolução da sociedade conjugal" (*Divórcio e separação*, p. 301-3, n. 74).

A jurisprudência, no entanto, vem reconhecendo que têm origem diversa a pensão alimentícia que o cônjuge culpado deve ao cônjuge inocente e pobre e a indenização por danos morais sofridos pelo cônjuge inocente, especialmente em caso de sevícias e injúrias contra este praticadas. Se o marido agride a esposa e lhe causa ferimentos graves, acarretando a diminuição de sua capacidade laborativa, por exemplo, tal conduta, além de constituir causa para a separação judicial, pode fundamentar ação de indenização de perdas e danos, com suporte nos arts. 186 e 950 do Código Civil. Da mesma forma deve caber a indenização se o dano causado, e provado, for de natureza moral, como o que ofende a honra (injúria, difamação) e o estético, por exemplo. O que nos parece, contudo, carecer de fundamento legal, no atual estágio de nossa legislação, é o pedido fundado no só fato da ruptura conjugal, ainda que por iniciativa do outro cônjuge. Já se decidiu, efetivamente, que coração partido por casamento rompido, mesmo sem motivo, não enseja dano moral. "Para que se caracterize o dever de reparação, é preciso conduta ilícita, o dano e a ligação clara entre aquela e o dano. Mas, nesta situação (...) não há a menor possibilidade de se considerar tal fato como ação ilícita, partindo do princípio de que ninguém é obrigado a ficar com quem não queira." Acentuou o relator, no presente caso, ser incabível a utilização do Poder Judiciário para resolver situações cotidianas de mero dissabor afetivo (TJSC, rel. Des. Alexandre D'Ivanenko, in http://www.lex.com.br., de 29-7-2014).

Provado, no entanto, que a separação provocada por ato injusto do consorte acarretou danos, sejam materiais ou morais, além daqueles já cobertos pela pensão alimentícia (sustento, cura, vestuário e casa), a indenização pode ser pleiteada, porque *legem habemus*: o art. 186 do Código Civil.

O adultério, embora constitua causa determinante para a decretação da dissolução da sociedade conjugal, não induz, por si só, à concessão de indenização por dano moral. A verba é devida ao cônjuge inocente somente se a violação do dever de fidelidade extrapolar a normalidade genérica, ou seja, se o culpado tiver submetido o outro a situações humilhantes, vexatórias e que lhe afrontem a dignidade, a honra e o pudor (RT, 836:173).

A ação de separação litigiosa e a de indenização são independentes. Os pedidos, contudo, são cumuláveis e podem ser formulados em uma mesma demanda (CPC, art. 327). Nada impede, porém, que a indenização, com apoio no art. 186 do Código Civil, seja pleiteada antes ou depois da instauração do processo para a obtenção da dissolução contenciosa da sociedade conjugal, e até mesmo em reconvenção, sendo competente, em qualquer caso, o juízo de família, e não o cível (TJSP, AgI 136.366-4/1-00, rel. Des. Mohamed Amaro). É, também, admissível ação de indenização do cônjuge inocente contra o cônjuge culpado no caso de anulação do casamento putativo.

13 O DANO AMBIENTAL OU ECOLÓGICO

A responsabilidade por dano ecológico pode ser penal e civil. No campo da responsabilidade civil, o diploma básico é a "Lei de Política Nacional do Meio Ambiente" (Lei n. 6.938, de 31-8-1981), cujas principais virtudes estão no fato de ter consagrado a responsabilidade objetiva do causador do dano e a proteção não só aos interesses individuais, mas também aos supraindividuais (interesses difusos, em razão de agressão ao meio ambiente em prejuízo de toda a comunidade), conferindo legitimidade ao Ministério Público para propor ação civil e criminal por danos causados ao meio ambiente.

A responsabilidade civil independe da existência de culpa (art. 14, § 1º) e se funda na ideia de que a pessoa que cria o risco deve reparar os danos advindos de seu empreendimento. Basta a prova da ação ou omissão do réu, do dano e da relação de causalidade. Também se mostra irrelevante a demonstração da legalidade do ato. Discute-se apenas a potencialidade do dano que o ato possa trazer aos bens e valores naturais. Assim, ainda que haja autorização da autoridade competente e a emissão esteja dentro dos padrões estabelecidos pelas normas de segurança, tendo a indústria tomado todos os cuidados para evitar o dano, se este ocorreu em virtude da atividade do poluidor há o nexo causal, que faz nascer o dever de indenizar.

A Lei n. 7.347, de 24-7-1985, disciplinou a ação civil pública de responsabilidade por danos causados ao meio ambiente, legitimando precipuamente o Ministério Público para propô-la, como também as entidades estatais, autárquicas, paraestatais, as associações que especifica e a Defensoria Pública (inciso II do art. 5º, acrescentado pela Lei n. 11.448, de 15-1-2007), sem prejuízo da ação popular (art. 1º). Admite também a suspensão liminar do ato ou fato impugnado (art. 12), podendo ser precedida ou acompanhada de medida cautelar, bem como de pedido cominatório para impedir ou minimizar o dano ecológico. A reparação do dano ambiental pode consistir na indenização dos prejuízos, reais ou legalmente presumidos, ou na restauração do que foi poluído, destruído ou degradado. A responsabilização do réu pode ser repressiva da lesão consumada ou preventiva de uma consumação iminente.

14 O DIREITO À PRÓPRIA IMAGEM

O direito à própria imagem integra o rol dos direitos da personalidade. Imagem é a representação pela pintura, escultura, fotografia, filme etc. de qualquer objeto e, inclusive, da pessoa humana, destacando-se, nesta, o interesse primordial que apresenta o rosto. O direito à própria imagem não é o de impedir que terceiros venham a conhecer a imagem de uma pessoa, pois não se pode impedir que outrem conheça a nossa imagem, mas sim que a use contra nossa vontade, nos casos não autorizados em lei, agravando-se a lesão ao direito quando tenha havido exploração dolosa, culposa, aproveitamento pecuniário e, pior que tudo, desdouro para o titular da imagem (cf. RT, 451:12).

A Constituição Federal declara invioláveis "a intimidade, a vida privada, a honra e a imagem das pessoas, assegurado o direito a indenização pelo dano material ou moral decorrente de sua violação" (art. 5º, X). E o inciso V do mesmo dispositivo assegura "o direito de resposta, proporcional ao agravo, além da indenização por dano material, moral ou à imagem" (destaque do autor). Via de regra, as decisões judiciais têm determinado que o *quantum* da verba indenizatória seja apurado mediante perícia.

O Código Civil dedicou um capítulo novo aos direitos da personalidade (arts. 11 a 21), visando a sua salvaguarda, sob múltiplos aspectos, desde a proteção dispensada ao nome e à imagem até o direito de dispor do próprio corpo para fins científicos ou altruísticos. Nos termos do art. 20 do aludido diploma, a reprodução da imagem para fins comerciais, sem autorização do lesado, enseja o direito à indenização, ainda que não lhe tenha atingido a honra ou a respeitabilidade.

Confira-se, a propósito, a Súmula 403 do Superior Tribunal de Justiça: "Independe de prova do prejuízo a indenização pela publicação não autorizada de imagem de pessoa com fins econômicos ou comerciais".

14-A A RESPONSABILIDADE CIVIL NOS MEIOS ELETRÔNICOS. O MARCO CIVIL DA INTERNET

A Lei n. 12.965/2014, denominada "O Marco Civil da Internet", constitui uma espécie de Constituição da Internet por estabelecer princípios, garantias, direitos e deveres para uso da rede no Brasil, tanto para os usuários quanto para os provedores de conexão e de aplicativos. No estágio atual, a obrigação do empresário brasileiro que dele se vale para vender os seus produtos ou serviços, para com os consumidores, é a mesma que o referido diploma atribui aos fornecedores em geral. A transação eletrônica realizada entre brasileiros está, assim, sujeita aos mesmos princípios e regras aplicáveis aos demais contratos aqui celebrados. No entanto, o contrato de consumo eletrônico internacional obedece ao disposto no art. 9º, § 2º, da Lei de Introdução às Normas do Direito Brasileiro, que determina a aplicação, à hipótese, da lei do domicílio do proponente. Por essa razão, se um brasileiro faz a aquisição de algum produto oferecido pela internet por empresa estrangeira, o contrato então celebrado rege-se pelas leis do país do contratante que fez a oferta ou proposta.

A responsabilidade extracontratual nos meios eletrônicos pode derivar de inúmeros atos ilícitos, sendo de destacar os que dizem respeito à concorrência desleal, à violação da propriedade intelectual, ao indevido desrespeito à intimidade, ao envio de mensagens não desejadas e ofensivas da honra, à divulgação de boatos infamantes, à invasão de caixa postal, ao envio de vírus etc. Identificado o autor, responde ele civilmente pelos prejuízos causados a terceiros. Especialmente no caso da transmissão ou retransmissão de vírus, demonstrada a culpa ou dolo do agente e identificado o computador, presume-se que o proprietário do equipamento, até prova em contrário, é o responsável pela reparação dos prejuízos materiais e morais, nos termos do art. 5º, X, da Constituição Federal. Diferente a situação dos provedores, cuja culpa é evidenciada pelo fato de permitirem que algum vírus passe por seus computadores e se aloje no equipamento de seu cliente. Ocorrerá, na hipótese, defeito do serviço, pois o cliente confia que a tecnologia empregada pelo prestador de serviço possa evitar o ataque ao seu computador.

Havendo ofensa à intimidade, à vida privada, à honra e à imagem das pessoas, podem ser responsabilizados não somente os autores da ofensa como também aqueles que contribuíram para a sua divulgação.

Quadro sinótico – Responsabilidade por ato próprio

1. Infração a um dever	O elemento objetivo da culpa é o dever violado. Em matéria de culpa contratual, o dever jurídico consiste na obediência ao convencionado. E, na culpa extracontratual, consiste no cumprimento da lei, que impõe a todos o dever de não lesar a outrem, implícito no art. 186 do CC.
2. O abuso de direito	O abuso de direito é disciplinado no CC como outra forma de ato ilícito. Comete-o o titular de um direito que, "ao exercê-lo, excede manifestamente os limites impostos pelo seu fim econômico ou social, pela boa-fé ou pelos bons costumes". Mesmo agindo dentro de seu direito, pois, pode o agente, em alguns casos, ser responsabilizado.
3. Rompimento de noivado e separação judicial	Se a desistência do noivado se manifestar sem justo motivo e de forma a acarretar dano material ou moral ao outro, pode dar causa a ação de indenização. Quanto à separação judicial, provado que foi provocada por ato injusto do consorte e acarretou danos, sejam materiais ou morais, além daqueles já cobertos pela pensão alimentícia, a indenização pode ser pleiteada com fundamento no art. 186 do CC.
4. Dano ambiental e ecológico	A responsabilidade por dano ecológico pode ser penal e civil. Quanto a esta, o diploma básico é a Lei de Política Nacional do Meio Ambiente (Lei n. 6.938/81), cujas principais virtudes estão no fato de ter consagrado a res-

4. Dano ambiental e ecológico	ponsabilidade objetiva do causador do dano e a proteção não só aos interesses individuais, mas também aos supraindividuais (interesses difusos), conferindo legitimidade ao Ministério Público para propor ação civil e criminal. A Lei n. 7.347/85 disciplinou a ação civil pública de responsabilidade por danos causados ao meio ambiente.
5. Direito à própria imagem	O direito à própria imagem integra o rol dos direitos da personalidade (CC, arts. 11 a 21). A CF declara invioláveis a "intimidade, a vida privada, a honra e a imagem das pessoas, assegurado o direito a indenização pelo dano material ou moral decorrente de sua violação" (art. 5º, X). E o inciso V do mesmo dispositivo assegura "o direito de resposta, proporcional ao agravo, além da indenização por dano material, moral ou à imagem".
6. Responsabilidade civil na Internet	Demonstrada a culpa ou dolo do agente e identificado o computador, presume-se que o proprietário do equipamento, até prova em contrário, é o responsável pela reparação dos prejuízos materiais e morais, nos termos do art. 5º, X, da CF.

Capítulo II

RESPONSABILIDADE POR ATO DE TERCEIRO

15 PRESUNÇÃO DE CULPA E RESPONSABILIDADE SOLIDÁRIA

A responsabilidade é, em princípio, individual, consoante se vê do art. 942 do Código Civil. Responsável pelo pagamento da indenização é todo aquele que, por ação ou omissão voluntária, negligência ou imprudência, haja causado prejuízo a outrem. Há casos, entretanto, em que o agente passa a responder, por culpa própria (*in vigilando, in eligendo*), por ato de terceiro (do filho, do empregado etc.) ou por fato das coisas ou dos animais (responsabilidade do dono). Pode acontecer, ainda, concurso de agentes na prática de ato ilícito, quando duas ou mais pessoas o praticam. Surge, então, a solidariedade dos diversos agentes, assim definida no art. 942, segunda parte, do mesmo diploma: "... e, se a ofensa tiver mais de um autor, todos responderão solidariamente pela reparação". Aduz o parágrafo único: "São solidariamente responsáveis com os autores os coautores e as pessoas designadas no art. 932". Assim, ocorre a solidariedade não só no caso de pluralidade de agentes, como também entre as pessoas designadas no art. 932, isto é, entre pais e filhos menores, tutores e tutelados, empregadores e empregados etc. É por essa razão que a vítima pode mover a ação somente contra o empregador, por ato ilícito praticado pelo empregado, somente contra este ou, ainda, contra ambos (CC, art. 275). A obrigação de reparar o dano estende-se aos sucessores do ofensor, limitada às forças da herança (art. 943).

Na vigência do estatuto civil de 1916, a presunção de culpa do encarregado da guarda e vigilância de outrem era relativa. Permitia-se que o pai se exonerasse da responsabilidade, desde que provasse não ter havido de sua parte culpa ou negligência. A solução mais avançada e consentânea com os novos rumos da responsabilidade civil sobreveio com o Código Civil de 2002, que expressamente adotou a responsabilidade independente de culpa, no caso dos pais, tutores, curadores, empregadores e outros. Dispõe, com efeito, o art. 933 do referido diploma: "As pessoas indicadas nos incisos I a V do artigo antecedente, ainda que não haja culpa de sua parte, responderão pelos atos praticados pelos terceiros ali referidos".

Assim, provada a culpa do filho menor (essa prova é necessária), responderão os pais, ainda que não haja culpa de sua parte; provada a do empregado, responderá, objetivamente, o empregador, salvo se demonstrar que aquele, ao praticar o ato, não se encontrava no exercício do trabalho que lhe competia (CC, art. 932, I e III).

16 RESPONSABILIDADE DOS PAIS

Os pais respondem pelos atos ilícitos praticados pelos filhos menores que estiverem sob sua autoridade e em sua companhia (art. 932, I), ainda que estes não tenham discernimento. O fato de o agente ser inimputável não retira seu caráter de ilicitude (*RT*, 641:132).

A responsabilidade paterna independe de culpa (CC, art. 933). Está sujeito à reparação do dano, por exemplo, o pai que permite ao filho menor de 18 anos dirigir automóvel. Se o filho, culposamente, provoca acidente de trânsito, o lesado tem direito a acionar o pai, para obter a indenização. Da mesma forma, responde pelo ressarcimento do dano causado pelo filho o pai que não o educa bem ou não exerce vigilância sobre ele, possibilitando-lhe a prática de algum delito, como o incêndio, o furto, a lesão corporal e outros. Em todos esses casos, comprovado o ato ilícito do menor, dele decorre, por via de consequência e independentemente de culpa dos pais, a responsabilidade destes.

Sendo solidariamente responsáveis com os autores as pessoas designadas no art. 932 do Código Civil (cf. art. 942), poderia a vítima, em tese, mover ação contra o menor de 18 anos ou contra seus pais, ou contra ambos, em litisconsórcio passivo. Entretanto, segundo o critério adotado pelo Código, a responsabilidade do incapaz é subsidiária e mitigada, pois só responde pelos prejuízos que causar a terceiros se as pessoas por ele responsáveis não tiverem obrigação de o fazer ou não dispuserem de meios suficientes. A indenização, nesse caso, que deverá ser equitativa, não terá lugar se privá-lo do necessário ao próprio sustento, ou as pessoas que dele dependem (art. 928 e parágrafo único). A única hipótese, portanto, em que poderá haver responsabilidade solidária do menor de 18 anos com seus pais é se tiver sido emancipado aos 16 anos de idade. Fora dessa situação, a responsabilidade será exclusivamente dos pais, ou exclusivamente do filho, se aqueles não dispuserem de meios suficientes para efetuar o pagamento e este puder fazê-lo sem privar-se do necessário (responsabilidade subsidiária e mitigada, como já dito).

Como já mencionado no item 3.1, *retro* (A responsabilidade dos amentais), a Lei n. 13.146/2015 (Estatuto da Pessoa com Deficiência) alterou essa situação, tornando o incapaz solidariamente responsável com seu genitor pela reparação do dano.

Além da responsabilidade solidária entre pai e filho, pode haver cumulação de responsabilidade paterna com a de terceiros, como no caso de o menor provocador do acidente estar dirigindo veículo que lhe foi emprestado por outrem (*JTACSP*, 74:23). O poder familiar e o dever de guarda e vigilância cessa com a maioridade, aos 18 anos, ou com a emancipação, aos 16. Os pais não se exoneram emancipando voluntariamente os filhos (*RTJ*, 62:108). Sua responsabilidade solidária cessa, porém, quando a emancipação deriva do casamento ou das outras causas previstas no art. 5º, parágrafo único, do Código Civil (*JTACSP*, 103:173). O simples afastamento do filho da casa paterna por si não elide a responsabilidade dos pais (*RT*, 380:97). Entretanto, se o casal se encontra separado judicialmente, responde pelo ato do filho somente o cônjuge que ficou com sua guarda, pois o outro não tem poderes de vigilância sobre o menor. Mas, se o ilícito for praticado durante o período de permanência em companhia do outro cônjuge (nas férias escolares, p. ex.), somente este terá responsabilidade por seus atos.

Se a guarda do menor é deferida a terceiro, torna-se este o único responsável por seus atos, ficando exonerados os pais. Da mesma forma ocorre quando a responsabilidade pela vigilância do menor é momentaneamente transferida a outrem. Assim, no período em que os alunos se encontram no estabelecimento de ensino, o dever de vigilância passa ao educandário (art. 932, IV), mesmo que o regime não seja de internato, ficando isentos os pais. Entretanto, nenhuma responsabilidade cabe ao educador em se tratando de educando maior.

Também quando o menor é empregado ou preposto de outrem, e o ato ilícito é praticado no exercício do trabalho, ou em razão dele, a responsabilidade será do empregador (*RT*, 554:148, 579:119). O pai não responde por nenhum ato praticado por filho maior, ainda que viva em sua companhia, salvo se se tratar de alienado mental. Nesse caso, porém, segundo Aguiar Dias, a responsabilidade do pai não pode ser fundada no art. 932, n. I, mas sim no art. 186, pois decorre de omissão culposa na vigilância de pessoa privada de discernimento, não a fazendo internar ou não obstando ao ato danoso.

17 RESPONSABILIDADE DOS TUTORES E CURADORES

São igualmente responsáveis o tutor e o curador pelos atos praticados pelos tutelados (menores) e curatelados (maiores) que se acharem nas mesmas condições (inc. II do art. 932). Transfere-se, entretanto, a responsabilidade do curador para o sanatório, quando o curatelado é internado para tratamento. É ineficaz cláusula excludente de responsabilidade estatuída no regulamento do nosocômio, ou no contrato assinado entre a clínica e o curador, por possíveis atos do internado em caso de fuga, uma vez que a delegação de vigilância do demente transfere a responsabilidade por seus atos se feita a estabelecimento específico, gratuita ou onerosamente (*RT*, 560:201).

Segundo a noção, já enunciada, da responsabilidade objetiva das pessoas mencionadas no art. 932, a situação dos tutores e curadores é idêntica à dos pais: respondem (com seu patrimônio) pelos pupilos e curatelados nas mesmas condições em que os pais respondem pelos filhos menores.

18 RESPONSABILIDADE DOS EMPREGADORES

O empregador ou comitente responde pelos atos de seus empregados, serviçais e prepostos, praticados no exercício do trabalho que lhes competir, ou em razão dele (inc. III). Serviçal é o que realiza trabalhos domésticos. Preposto é o que cumpre ordens de outrem, seja ou não assalariado. Destaca-se a subordinação hierárquica ou dependência. Desde que alguém execute serviços por ordem e sob a direção de outrem, em favor de quem reverte o benefício econômico desse trabalho, caracterizada está a relação de subordinação ou preposição. Proclama a Súmula 341 do Supremo Tribunal Federal que "é presumida a culpa do patrão ou comitente pelo ato culposo do empregado ou preposto". Tal presunção, já na vigência do Código Civil de 1916, era *juris et de jure*, uma vez que, provada a culpa do preposto, estaria, *ipso facto*, fixada a responsabilidade civil do preponente. Restava ao empregador somente a comprovação de que o causador do dano não era seu empregado ou preposto, ou que o dano não fora causado no exercício do trabalho que lhe competia, ou por ocasião dele.

Esta última expressão (substituída por ou em razão dele, no Código) é interpretada de modo amplo. Para a caracterização da responsabilidade do empregador pouco importa que o ato lesivo não esteja dentro das funções do preposto. Basta que estas facilitem sua prática. Assim, a circunstância de ter o acidente ocorrido num domingo, fora do horário de trabalho, é irrelevante. O que é decisivo é que o motorista tenha acesso ao veículo causador do evento danoso, em razão do vínculo empregatício existente (*RT*, 493:57).

O Código Civil, como já se afirmou, consagrou a responsabilidade objetiva, independente da ideia de culpa, dos empregadores e comitentes pelos atos de seus empregados, serviçais e prepostos (art. 933), afastando qualquer dúvida que ainda pudesse existir sobre o assunto e tornando prejudicada a referida Súmula 341 do Supremo Tribunal Federal, que se referia ainda à "culpa presumida" dos referidos responsáveis.

O empregador não é responsável pelo dano se a vítima sabia que o preposto procedia fora de suas funções. Em geral, no entanto, o patrão é responsável pelo dano ainda que o preposto tenha agido com abuso ou desvio de suas atribuições, mesmo porque o terceiro não está, em regra, em condições de conhecer os limites das funções do empregado, considerando-se suficiente a razoável aparência do cargo.

19 RESPONSABILIDADE DOS EDUCADORES

O inciso IV do art. 932 declara igualmente responsáveis os donos de hotéis, hospedarias, casas ou estabelecimentos, onde se albergue por dinheiro, mesmo para fins de educação, por seus hóspedes, moradores e educandos. Tal dispositivo tem sido aplicado, também, ao hospedador e ao educador a título gratuito, e ainda que se trate de externato. A responsabilidade quanto às escolas públicas cabe ao Estado. Se o dano é causado pelo aluno contra terceiros, a escola responde pelos prejuízos, objetivamente. Tem, porém, ação regressiva (CC, art. 934) contra os alunos que puderem efetuar o ressarcimento sem se privar do necessário, visto que seus pais não têm a obrigação de fazê-lo, pelo fato de o dever de vigilância transferir-se para o estabelecimento de ensino, no período de aulas. Se, porém, o dano é sofrido pelo aluno (acidente ocorrido na aula de química ou de natação, ou agressão praticada por outro aluno, p. ex.), tem este ação contra o estabelecimento (*RT*, 597:173, 612:44).

Em se tratando de educandos maiores, nenhuma responsabilidade cabe ao educador ou professor, pois é natural pensar que somente ao menor é que se dirige essa responsabilidade, porquanto o maior não pode estar sujeito à mesma vigilância que se faz necessária a uma pessoa menor. Daí por que a presunção de responsabilidade não alcançará o professor universitário, porque ele não tem dever de vigilância sobre os estudantes, que, por serem maiores, não precisam ser vigiados, sendo senhores de seus atos e de seus direitos, com plena responsabilidade pelo que fizerem.

A expansão da prática de *bullying* entre crianças e adolescentes, especialmente no interior das escolas, tem preocupado a sociedade. *Bullying* é palavra inglesa que significa usar o poder ou a força para intimidar e humilhar, de modo repetitivo e intencional, sendo utilizada para descrever atos de violência física, verbal ou psicológica. A palavra bulicídio (do inglês *bullycide*) tem sido empregada para designar o suicídio cometido por vítimas de *bullying*.

Como já mencionado, os educadores são prestadores de serviço. O Código de Defesa do Consumidor responsabiliza os fornecedores e prestadores de serviço em geral de forma objetiva, só admitindo como excludente a culpa exclusiva da vítima, embora também possam alegar o caso fortuito ou a força maior, porque rompem o nexo de causalidade. O art. 933 do Código Civil também prevê a responsabilidade objetiva dos donos de escolas.

A jurisprudência, por essa razão, tem corretamente reconhecido a responsabilidade objetiva, isto é, independentemente de culpa, dos estabelecimentos de ensino, nos casos de *bullying* praticados no período em que o educando está sob sua vigilância. Ao receber o estudante em seu estabelecimento, o educador, seja particular ou público, assume o compromisso de velar pela preservação de sua integridade física, moral e psicológica, devendo empregar todos os meios necessários ao integral desempenho desse encargo jurídico, sob pena de responder civilmente pelos danos ocasionados ao aluno.

A Lei n. 13.185, de 26 de novembro de 2015, instituiu o Programa de Combate à Intimidação Sistemática (*Bullying*) em todo o território nacional (art. 1º). Observa-se que a referida lei é voltada, essencialmente, ao assédio em estabelecimentos de ensino, em clubes e agremiações recreativas, uma vez que o art. 5º proclama expressamente que é dever dos *referidos estabelecimentos* "assegurar medidas de conscientização, prevenção, diagnose e combate à violência e à intimidação sistemática (*bullying*)", sendo um dos objetivos do aludido Programa "capacitar docentes e equipes pedagógicas para a implementação das ações de discussão, prevenção, orientação e solução do problema" (art. 4º, II).

20 RESPONSABILIDADE DOS HOTELEIROS

Responde também o hospedeiro pelos prejuízos causados por seus hóspedes, seja a terceiros, seja a um outro hóspede. Essa responsabilidade funda-se no risco da atividade e tanto pode decorrer de falta de vigilância sobre o comportamento dos hóspedes como de falta de disciplina em sua admissão. Raramente se vê, contudo, um dono de hotel ser responsabilizado por dano a terceiro causado por seu hóspede. Mas tal pode ocorrer em atropelamentos e colisões verificados no pátio do hotel ou em brigas no interior da hospedaria, por exemplo.

21 RESPONSABILIDADE PELO PRODUTO DO CRIME

No inciso V, o art. 932 trata da responsabilidade dos que gratuitamente houverem participado nos produtos do crime, até à concorrente quantia. A utilidade do dispositivo é apenas lembrar uma hipótese de *actio in rem verso*. Se a pessoa não participou do delito, mas recebeu seu produto, ainda que gratuitamente, deverá restituí-lo, não obstante ser inocente do ponto de vista penal. O dispositivo reafirma o princípio da repetição do indébito.

22 A AÇÃO REGRESSIVA MOVIDA PELO QUE PAGA A INDENIZAÇÃO

Nos casos de responsabilidade por fato de outrem, aquele que paga a indenização (o responsável indireto) tem um direito regressivo contra o causador do dano. É o que dispõe o art. 934 do Código Civil: "Aquele que ressarcir o dano causado por outrem pode reaver o que houver pago daquele por quem pagou, salvo se o causador do dano for descendente seu, absoluta ou relativamente incapaz". A exceção aberta em favor do descendente resulta de considerações de ordem moral, visando à solidariedade familiar.

A ação regressiva, no entanto, em razão da solidariedade prevista no art. 942, é restrita aos empregadores; aos tutores, mas apenas contra os tutelados que possam pagar sua quota sem se privar do necessário (art. 928, parágrafo único); aos curadores, somente contra os curatelados que se encontrarem na mesma situação dos referidos tutelados; aos educadores e donos de hospedarias em geral, contra, respectivamente, os educandos que também se encontrarem na mencionada situação e os hóspedes e moradores; e aos representantes das pessoas jurídicas de direito público, nos casos de dolo ou culpa de seus agentes (CF, art. 37, § 6º). Quem não responde perante a vítima, por ser civilmente inimputável e inexistir, em consequência, o dever jurídico de reparar diretamente o dano causado a ela, não pode responder, regressivamente, perante o responsável legal. Fica, assim, excluída somente a possibilidade de haver ação regressiva dos pais contra os filhos menores e dos tutores, curadores e educadores contra os incapazes que não puderem privar-se do necessário.

Sustenta, porém, Pontes de Miranda que "o pai, nada podendo reaver do filho, pode, no entanto, ir à colação", consequência que o exímio jurista deduz da interpretação conjugada dos arts. 1.524 e 1.793 do Código Civil de 1916, correspondentes, respectivamente, aos arts. 934 e 2.010 do Código Civil de 2002 (este, interpretado *a contrario sensu*, permite afirmar que virão à colação os gastos extraordinários do ascendente com o descendente, enquanto menor). Aguiar Dias declara que não se pode deixar de aceitar tal interpretação, sob pena de enfrentar inconciliável contradição entre esses dispositivos (*Da responsabilidade*, cit., p. 569). Assim, os gastos extraordinários representados pelo ressarcimento do prejuízo poderão ir à colação. Orlando Gomes coloca-se em posição diametralmente oposta: "Nem se pode admitir que a quantia paga seja conferida para igualar a legítima dos herdeiros. Admitir que deveria ser trazida à colação seria sustentar que o pai não respondeu por culpa própria, quando sabido que, em face da lei, responde por infração do dever de vigilância, que, em relação a ele, assume características próprias e pode ser exercido em condições especiais, dada a natureza do vínculo familiar" (*Obrigações*, 2. ed., Rio de Janeiro, Forense, p. 356).

Parece-nos, entretanto, mais justa a primeira posição, por não prejudicar o direito dos demais descendentes. Reiterar nessa prática, de forma abusiva, e não permitir a colação poderá solapar o patrimônio do ascendente, em detrimento dos outros descendentes, de bom comportamento. Mesmo porque, no caso, não estará havendo nenhum ressarcimento ao ascendente.

23 RESPONSABILIDADE CIVIL DOS EMPRESÁRIOS INDIVIDUAIS E DAS EMPRESAS PELOS PRODUTOS POSTOS EM CIRCULAÇÃO

Dispõe o art. 931 do Código Civil: "Ressalvados outros casos previstos em lei especial, os empresários individuais e as empresas respondem independentemente de culpa pelos danos causados pelos produtos postos em circulação".

A legislação especial ressalvada, que trata da responsabilidade pelo fato e pelo vício do produto, é o Código de Defesa do Consumidor, comentado no n. 60, *infra*, ao qual nos reportamos. Não havendo nenhuma incompatibilidade entre o referido diploma e o disposto no transcrito art. 931 do Código Civil, permanecem válidas e aplicáveis às hipóteses de responsabilidade pelo fato ou pelo vício do produto as disposições da legislação especial consumerista.

24 RESPONSABILIDADE DAS PESSOAS JURÍDICAS DE DIREITO PÚBLICO

24.1. EVOLUÇÃO HISTÓRICA

A responsabilidade civil das pessoas jurídicas de direito público passou por diversas fases: **a)** a da irresponsabilidade do Estado, representada pela frase universalmente conhecida: *the king can do not wrong*; **b)** a civilista, representada pelo art. 15 do Código Civil de 1916, que responsabilizava civilmente as pessoas jurídicas de direito público pelos atos de seus representantes que nessa qualidade causassem danos a terceiros. Nessa fase, a vítima tinha o ônus de provar a culpa ou dolo do funcionário. Assegurou-se ao Estado ação regressiva contra este último; **c)** a publicista, a partir de 1946, quando a questão passou a ser tratada em nível de direito público, regulamentada na Constituição Federal. A responsabilidade passou a ser objetiva, mas na modalidade do risco administrativo (não na do risco integral, em que o Estado responde em qualquer circunstância), sendo tranquila nesse sentido a atual jurisprudência.

Assim, a vítima não tem mais o ônus de provar a culpa ou dolo do funcionário. Mas se admite a inversão do ônus da prova. O Estado exonerar-se-á da obrigação de indenizar se provar culpa exclusiva da vítima, força maior, ou ainda fato exclusivo de terceiro. Em caso de culpa concorrente da vítima, a indenização será reduzida pela metade. Alguns autores, no entanto, afirmam que nossas Constituições adotaram a teoria do risco integral (*v.g.*, Washington de Barros Monteiro, Maria Helena Diniz). Mas é um equívoco apenas de ordem semântica, porque admitem que o Estado pode provar culpa exclusiva da vítima, caso fortuito ou força maior, para não indenizar.

24.2. A CONSTITUIÇÃO FEDERAL DE 1988

Atualmente, o assunto está regulamentado no art. 37, § 6º, da Constituição Federal, que trouxe duas inovações em relação às Constituições anteriores: substituiu a expressão "funcionários" por "agentes", mais ampla, e estendeu essa responsabilidade objetiva às pessoas jurídicas de direito privado prestadoras de serviço público (concessionárias, permissionárias).

O Código Civil tratou do assunto no art. 43, *verbis*: "As pessoas jurídicas de direito público interno são civilmente responsáveis por atos dos seus agentes que nessa qualidade causem danos a terceiros, ressalvado direito regressivo contra os causadores do dano, se houver, por parte destes, culpa ou dolo". Acrescentou, apenas, a palavra "interno", não trazendo nenhuma inovação, mesmo porque, como já se afirmou, essa matéria é hoje tratada em nível constitucional.

Tem sido decidido, em face do texto constitucional, que a "pessoa jurídica de direito privado, na qualidade de concessionária de serviço público, responde imediata e diretamente pelos danos que as empresas contratadas causarem a terceiros, não se necessitando indagar da culpa ou dolo, pois sua responsabilidade está ancorada na culpa objetiva e surge do fato lesivo, conforme dispõe o art. 37, § 6º, da Constituição Federal" (*RT*, 745:278). Desse modo, o Estado responde apenas subsidiariamente (e não solidariamente) pelos danos causados pela prestadora de serviços públicos, uma vez exauridos os recursos financeiros e o patrimônio desta. A má escolha da entidade acarreta a responsabilidade subsidiária do Estado, caso aquela se torne insolvente.

Yussef Said Cahali admite a responsabilidade direta e solidária do Poder Público, desde que demonstrado ter a falha na escolha ou na fiscalização da concessionária ou permissionária sido identificada como a causa imediata do evento danoso. Como exemplos de hipóteses mais frequentes, o referido autor menciona as de "omissão de fiscalização das atividades econômicas privadas sujeitas a autorização governamental (estabelecimentos de crédito e financiamento; companhias de seguros, estabelecimentos de ensino, venda de fogos de artifício em estabelecimentos particulares), ou sob controle direto da Administração (manutenção de elevadores dos edifícios públicos)" (*Responsabilidade civil do Estado*, 2. ed., São Paulo, Revista dos Tribunais, p. 158).

Pode o Estado alegar, além da força maior (danos inevitáveis, decorrentes de fenômenos da natureza) e da culpa da vítima, exclusiva ou concorrente, também o fato exclusivo de terceiro, pois a Constituição Federal o responsabiliza objetivamente apenas pelos danos que os seus agentes causarem a outrem, agindo nessa qualidade. Não o responsabiliza por atos praticados por terceiros, como assaltos em via pública, atos predatórios etc., que não são causados por seus agentes. A Constituição não adotou a teoria do risco integral. O Poder Público só poderá ser responsabilizado nesses casos se restar provado que sua omissão concorreu diretamente para o dano, deixando de realizar obras ou de tomar outras providências indispensáveis, que lhe incumbiam (se os policiais, por exemplo, alertados a tempo, omitiram-se e, negligentemente, nenhuma providência tomaram para evitar o assalto). Nesse caso, a responsabilidade estatal será definida pela teoria da culpa anônima da administração.

Assim, em caso de furto de veículo estacionado nas imediações de feira livre, em que se alegava falha no serviço de policiamento em logradouros públicos, a ação foi julgada improcedente em virtude da inexistência da demonstração de imperícia ou descuido dos agentes responsáveis pela segurança pública (*RT*, 757:162). E assim tem sido decidido em outros casos, se a omissão em que incorreu a autoridade, relacionada com o dever de efetuar policiamento eficaz, foi genérica e não específica, em relação às vítimas.

Embora alguns autores afirmem que a ação só pode ser movida contra a pessoa jurídica e não contra o funcionário, o Supremo Tribunal Federal já decidiu que esse entendimento se aplica unicamente às ações fundadas na responsabilidade objetiva. Mas, se o autor se dispõe a provar a culpa ou dolo do servidor (responsabilidade subjetiva), abrindo mão de uma vantagem, poderá movê-la diretamente contra o causador do dano, principalmente porque a execução contra o particular é menos demorada. Se preferir movê-la contra ambos, terá também de arcar com o ônus de descrever a modalidade de culpa do funcionário e de provar sua existência.

O Superior Tribunal de Justiça já proclamou ser possível, por expressa disposição legal e constitucional, a denunciação da lide ao funcionário, mesmo que o Estado, na contestação, alegue culpa exclusiva da vítima, sendo defeso ao juiz condicioná-la à confissão de culpa do denunciante (cf. *RT*, 759:417). Entretanto, a predominância de entendimento na mencionada Corte é no sentido de que, "se a litisdenunciação dificulta o andamento do processo, é de ser rejeitada" (REsp 61.455-PA, 2ª T., rel. Min. Eliana Calmon, *DJU*, 20 nov. 2000). A 1ª Seção da aludida Corte, por unanimidade, afirmou que a denunciação da lide, nesses casos, não é obrigatória, sendo que a não aceitação da litisdenunciação não impede o exercício do direito de regresso, tendo em vista que a Constituição Federal o assegura ao Estado para que, em ação própria, obtenha o ressarcimento do prejuízo (EREsp 128.051-RS, j. 25-6-2003). Tem acolhido, portanto, majoritariamente, a corrente restritivista, que não admite a denunciação da lide nesses casos, porque a discussão sobre a culpa ou dolo na lide secundária (entre o Estado e seu funcionário, regressivamente) significaria introduzir um elemento novo na demanda, retardando a solução da lide principal entre a vítima e o Estado. E também porque não seria correto o Estado assumir posições antagônicas no mesmo processo: na lide principal, ao contestar, alegando culpa exclusiva da vítima; e na lide secundária, atribuindo culpa ou dolo a seu funcionário.

24.3. RESPONSABILIDADE POR ATOS OMISSIVOS

Cabe ação contra o Estado mesmo quando não se identifique o funcionário causador do dano, especialmente nas hipóteses de omissão da administração. Esses casos são chamados de "culpa anônima" da administração (enchentes em São Paulo que não foram solucionadas pelas diversas administrações).

Malgrado a opinião de Bandeira de Mello, no sentido de que o Estado somente responde de forma objetiva nos casos de ação (não de omissão), a jurisprudência não faz essa distinção. O Supremo Tribunal Federal já decidiu que a atividade administrativa a que alude o art. 37, § 6º, da Constituição Federal abrange tanto a conduta comissiva como a omissiva. No último caso, desde que a omissão seja a causa direta e imediata do dano. Um dos julgamentos refere-se a acidente ocorrido nas dependências de escola municipal, por omissão da administração em evitar que uma criança, durante o recreio, atingisse o olho de outra, acarretando-lhe a perda total do globo ocular direito (RE 109.615-RJ, rel. Min. Celso de Mello). Em outro caso, relatado pelo Min. Moreira Alves, a mesma Corte manteve esse entendimento, afirmando que "não ofende o art. 37, § 6º, da Constituição Federal, acórdão que reconhece o direito de indenizar à mãe do preso assassinado dentro da própria cela por outro detento". O Estado, com base nesse entendimento, foi responsabilizado objetivamente pela omissão no serviço de vigilância dos presos (cf. RT, 765:88).

A ação deve ser proposta dentro do prazo prescricional de três anos (CC, art. 206, § 3º, V). Decidiu o Superior Tribunal de Justiça, antes da vigência do atual estatuto civil, que, se o ato do qual pode exsurgir a responsabilidade civil do Estado está sendo objeto de processo criminal, o lapso prescricional da ação de reparação de danos começa a fluir, excepcionalmente, da data do trânsito em julgado da sentença penal, à qual o próprio Código de Processo Civil confere executoriedade (art. 584, II, correspondente ao art. 475-N, II, do CPC/73 (art. 515, VI, do CPC/2015) – cf. Lei n. 11.232/2005) (REsp 137.942-RJ, 2ª T., rel. Min. Ari Pargendler, j. 5-2-1998). Essa orientação foi acolhida no art. 200 do Código Civil de 2002, que dispõe: "Quando a ação se originar de fato que deva ser apurado no juízo criminal, não correrá a prescrição antes da respectiva sentença definitiva".

24.4. DANOS DECORRENTES DE ATOS JUDICIAIS

24.4.1. ATOS JUDICIAIS EM GERAL

A antiga tese da irreparabilidade do prejuízo causado pelo ato judicial danoso vem, aos poucos, perdendo terreno para a da responsabilidade objetiva, que independe de culpa do agente, consagrada na Constituição Federal. Durante muito tempo se entendeu que o ato do juiz é uma manifestação da soberania nacional. O exercício da função jurisdicional encontra-se acima da lei, e os eventuais desacertos do juiz não poderão envolver a responsabilidade civil do Estado. No entanto, soberania não quer dizer irresponsabilidade. A responsabilidade estatal decorre do princípio da igualdade dos encargos sociais, segundo o qual o lesado fará jus a uma indenização toda vez que sofrer prejuízo causado pelo funcionamento do serviço público.

A independência da magistratura também não é argumento que possa servir de base à tese da irresponsabilidade estatal, porque a responsabilidade seria do Estado e não atingiria a independência funcional do magistrado. O juiz só pode ser pessoalmente responsabilizado se houver dolo ou fraude de sua parte e, ainda, quando, sem justo motivo, recusar, omitir ou retardar medidas que deve ordenar de ofício ou a requerimento da parte (CPC, art. 143, I e II). Tem-se decidido, com efeito, que "a responsabilidade civil do magistrado somente se configura quando se apura tenha ele agido por dolo ou fraude e não pelo simples fato de haver errado. A independência funcional, inerente à Magistratura, tornar-se-ia letra morta se o juiz, pelo fato de ter proferido decisão neste ou naquele sentido, pudesse ser acionado para compor perdas e danos em favor da parte A ou da parte B pelo fato de a decisão ser reformada pela instância superior" (*RJTJSP*, 48:95). Nas hipóteses em que a lei prevê a responsabilidade pessoal do magistrado, poderá o lesado, por atuar aquele como órgão estatal, exercendo função pública, acioná-lo diretamente, ou o Estado, ou ainda ambos, em razão da solidariedade estabelecida pelo ato ilícito (cf. *RTJ*, 105:225).

Igualmente, não constitui obstáculo à admissibilidade da responsabilidade estatal a imutabilidade da coisa julgada, pois "o fato de ser o Estado condenado a pagar indenização decorrente de dano ocasionado por ato judicial não implica mudança na decisão judicial. A decisão continua a valer para ambas as partes; a que ganhou e a que perdeu continuam vinculadas aos efeitos da coisa julgada, que permanece intangível. É o Estado que terá que responder pelo prejuízo que a decisão imutável ocasionou a uma das partes, em decorrência de erro judiciário" (Maria Sylvia Zanella Di Pietro, *Direito administrativo*, 2. ed., São Paulo, Atlas, p. 364).

Cumpre distinguir as diversas atividades desenvolvidas no âmbito do Poder Judiciário. O gênero "funções judiciais" comporta diversas espécies, como as funções "jurisdicionais" ("contenciosas" ou "voluntárias") e as "administrativas". Neste último caso, o juiz ou o tribunal atua como se fosse um agente administrativo. É quando, por exemplo, concede férias a servidor, realiza concurso para provimento de cargos ou faz tomada de preços para a aquisição de materiais ou prestação de serviços. A responsabilidade do Estado, então, não difere da dos atos da Administração Pública.

Não é indispensável a verificação da ocorrência de culpa dos juízes e funcionários para que se caracterize a responsabilidade do Estado. Basta que o serviço se revele falho, deficiente, inoperante, para que o Poder Público responda pelo mau desempenho da prestação judicial a que está obrigado. As mais modernas tendências apontam no sentido da admissão da responsabilidade civil do Estado pelos danos experimentados por particulares, decorrentes do exercício da atividade judiciária.

24.4.2. ERRO JUDICIÁRIO

A responsabilidade do Estado em decorrência de erro judiciário é expressamente reconhecida no art. 5º, LXXV, da Constituição Federal, nestes termos: "O Estado indenizará o condenado por erro judiciário, assim como o que ficar preso além do tempo fixado na sentença". Impondo ao Estado a obrigação de indenizar aquele que "ficar preso além do tempo fixado na sentença", estará implicitamente também assegurando ao sentenciado o direito de ser indenizado em virtude de prisão sem sentença condenatória. Tem sido deferida a indenização em hipóteses em que o erro judicial fica desde logo evidenciado, como a do indivíduo que permaneceu preso, injustamente, sem motivação aparente (RT, 511:88), ou com excesso de tempo, por omissão, esquecimento ou equívoco; a do que tenha sido detido pela autoridade policial, com evidente abuso de autoridade – prisão sem formalidades legais, não relaxamento de prisão ilegal etc.; a do que foi preso por engano decorrente de homonímia (RT, 464:101) etc.

Sustentam alguns que a desconstituição do julgado, pela revisão criminal ou pela ação rescisória, é condição para o ajuizamento da ação de indenização, ao argumento de que a tese contrária acarretaria a incerteza jurídica, com a desestabilização dos julgados, tendo-se de fazer *tabula rasa* do instituto da coisa julgada. No entanto, como já mencionado, a coisa julgada não constitui obstáculo à indenização do dano ocasionado por ato judicial, por não implicar mudança na decisão. É o Estado que terá de responder pelo prejuízo que a decisão imutável ocasionou a uma das partes, em decorrência do erro judiciário.

A propósito, afirma Yussef Said Cahali: "Sempre afirmamos, porém, que a preterição do pedido incidente na revisão criminal, ou a própria inexistência de uma prévia revisão criminal, não deve constituir óbice para o exercício da ação indenizatória por erro judiciário". E prossegue: "O Código de Processo Penal, em seu art. 630, faculta ao interessado requerer ao Tribunal de Justiça que reconheça o seu direito a essa indenização. Entretanto, quando não for feita essa reclamação no tempo próprio, o interessado não decai do direito de exigir a indenização por ação ordinária (RT, 329:744)" (*Responsabilidade*, cit., p. 601).

Tem-se entendido que "a configuração de erro judiciário, para efeito de indenização, não se compatiliza com a absolvição pela inexistência de prova suficiente para condenação. Decisão com o suporte processual no art. 386, VI, do CPP, não é demonstrativa da certeza da inocência do réu. É técnica processual que se apoia na dúvida, em que prefere o erro judiciário que desfavorece a sociedade ao erro judiciário que ofenda o denunciado" (TJRS, Embs. 597.222652-Capital, j. 5-3-1999). Não cabe indenização nesse caso, ainda que tenha sido decretada a prisão preventiva do réu, se o foi corretamente, com base nos elementos dos autos.

Reconhecida a responsabilidade civil do Estado pelo erro judiciário, a indenização há de ser a mais completa possível, abrangendo os prejuízos materiais e morais que sofreu o ofendido, e que serão apurados por arbitramento (*RJTJSP*, 137:238). Nenhuma indenização, contudo, será devida "se o erro ou a injustiça da condenação proceder de ato ou falta imputável ao próprio impetrante, como a confissão ou a ocultação de prova em seu poder" (CPP, art. 630, § 2º, *a*). A ressalva contida na letra *b* do mencionado § 2º do art. 630, no sentido de que "a indenização não será devida, se a acusação houver sido meramente privada", não foi recepcionada pela Constituição, que não estabelece nenhuma distinção entre os processos criminais em que terá falhado a prestação jurisdicional.

24.5. DANOS DECORRENTES DE ATOS LEGISLATIVOS

Diversos autores sustentam a tese da irresponsabilidade do Estado por atos legislativos causadores de dano injusto. Argumenta-se com a soberania do Poder Legislativo e a imunidade parlamentar. As funções do Legislativo, como poder soberano, são sempre legais. Outros, porém, em posição diversa, admitem que o Estado responde sempre por atos danosos, causados quer por lei inconstitucional, quer por lei constitucional.

24.5.1. DANOS CAUSADOS POR LEI INCONSTITUCIONAL

Em princípio, a lei, como norma genérica, abstrata e impessoal, ato legislativo típico, não pode causar prejuízo a ninguém. Eventual lesão de direito subjetivo decorrerá diretamente de sua aplicação e apenas indiretamente dela. Seus efeitos dependem, portanto, da efetiva incidência sobre o caso concreto, não da lei em tese. Se a lei inconstitucional acarreta dano aos particulares, caberá a responsabilidade do Estado, desde que a inconstitucionalidade tenha sido declarada pelo Poder Judiciário. O que é imprescindível é que se verifique o nexo causal entre a lei inconstitucional e o dano ocorrido. Assim, o "Estado responde civilmente por danos causados aos particulares pelo desempenho inconstitucional da função de legislar" (STF, RE 153.464, rel. Min. Celso de Mello).

24.5.2. DANO CAUSADO POR LEI CONSTITUCIONALMENTE PERFEITA

Entretanto, sobreleva indagar da responsabilidade do Estado em face da atividade legislativa normal, visto que mesmo a lei constitucionalmente perfeita pode causar dano injusto aos particulares ou a certa categoria de particulares. Como já frisado, a questão não pode ser solucionada *in genere*, mas examinada *in specie*. Pode ser citada, como exemplo, a situação em que o Estado estabelece em seu benefício um monopólio industrial ou comercial de certa atividade, que assim fica interdita aos particulares, importando na eliminação de empreendimentos já existentes, com prejuízo para a economia privada; ou, ainda, a do particular que desfruta de certas vantagens econômicas asseguradas por um ato legislativo, que é modificado ou revogado, resultando para aquele a supressão ou diminuição daquelas vantagens (*RT*, 431:141). Em tais hipóteses tem a jurisprudência reconhecido a responsabilidade ressarcitória do Estado. O fundamento é o mesmo princípio constitucional que proclama a responsabilidade objetiva da Administração pelo dano causado, independentemente de apuração de culpa do servidor, que somente será cogitada para determinação do direito de regresso.

Tem sido proclamado pelos tribunais que as Câmaras Municipais não têm personalidade jurídica, não podendo integrar o polo passivo de ação indenizatória. A ação deve ser movida "contra a Fazenda Municipal, que, unitariamente, representa os órgãos do poder em nível de Município" (*RJTJSP*, 122:52, 131:124). Da mesma forma, tal como se dá no plano federal, também no plano estadual não se pode acionar uma Secretaria, a Assembleia Legislativa, o Tribunal de Justiça ou o Tribunal de Contas. Nesse sentido decidiu o Supremo Tribunal Federal: "Nessa ordem de considerações, os apelantes não poderiam dirigir sua pretensão contra a Assembleia Legislativa, que não tem orçamento, não tem receita e não pode ter despesa. Deveria demandar a Fazenda Pública, que é o mesmo Estado no seu aspecto financeiro" (*RTJ*, 65:799).

24.5.3. IMUNIDADE PARLAMENTAR

No tocante à imunidade parlamentar, decidiu o Tribunal de Justiça de São Paulo que os arts. 29, VIII, e 53 da Constituição Federal dizem respeito tão somente à não possibilidade de ser o membro do Poder Legislativo processado criminalmente sem prévia licença de sua Casa, não se estendendo à responsabilidade civil. Não afasta, assim, o direito do cidadão comum de acioná-lo civilmente por palavras e ofensas que lhe tenham causado prejuízos (Ap. 86.878-4-Santos, j. 31-8-1999). Diverso, porém, o entendimento do Supremo Tribunal Federal, que vem proclamando: "A imunidade parlamentar prevista no art. 53, *caput*, da CF ('Os Deputados e Senadores são invioláveis por suas opiniões, palavras e votos') alcança a responsabilidade civil decorrente dos atos praticados por parlamentares no exercício de suas funções. É necessário, entretanto, analisar-se caso a caso as circunstâncias dos atos questionados para verificar a relação de pertinência com a atividade parlamentar" (RE 140.867-MS, j. 3-6-1996; RE 210.907-RJ, j. 12-8-1998; RE 220.687-MG, j. 13-4-1999).

Quadro sinótico – Responsabilidade por ato de terceiro

1. Presunção de culpa e responsabilidade solidária	No caso de concurso de agentes na prática de ato ilícito surge a solidariedade: "...se a ofensa tiver mais de um autor, todos responderão solidariamente pela reparação" (CC, art. 942). São solidariamente responsáveis com os autores "os coautores e as pessoas designadas no art. 932" (art. 942, parágrafo único). Estas são responsabilizadas ainda que não haja culpa de sua parte. O CC/2002 abandonou o critério da culpa presumida, para responsabilizar os pais, tutores, patrões etc. independentemente de culpa.
2. Responsabilidade dos pais	Os pais respondem pelos atos ilícitos praticados pelos filhos menores que estiverem sob sua autoridade e em sua companhia (art. 932, I), ainda que estes não tenham discernimento. A responsabilidade paterna independe de culpa (art. 933). A única hipótese em que haverá responsabilidade solidária do menor de 18 anos com seus pais é se tiver sido emancipado aos 16 anos de idade. Fora dessa situação, a responsabilidade será exclusivamente dos pais, ou exclusivamente do filho (art. 928).

3. Responsabilidade dos tutores e curadores	A situação destes é idêntica à dos pais: respondem com seu patrimônio pelos pupilos e curatelados (art. 932, II). Transfere-se, entretanto, a responsabilidade do curador para o sanatório, quando o curatelado é internado para tratamento.	
4. Responsabilidade dos empregadores	O empregador ou comitente responde pelos atos de seus empregados, serviçais e prepostos, praticados no exercício do trabalho que lhes competir, ou em razão dele (art. 932, III). Preposto é o que cumpre ordens de outrem, seja ou não assalariado. A responsabilidade é objetiva, independente de culpa.	
5. Responsabilidade dos educadores	O inciso IV do art. 932 refere-se à responsabilidade dos donos de estabelecimentos que recebem pessoas para fins de educação. A responsabilidade quanto às escolas públicas cabe ao Estado. Se o dano é causado pelo aluno contra terceiros, a escola responde pelos prejuízos, objetivamente. Se o dano é sofrido pelo aluno, tem este ação contra o estabelecimento.	
6. Responsabilidade dos hoteleiros	Responde também o hospedeiro pelos prejuízos causados por seus hóspedes, seja a terceiros, seja a outro hóspede. Essa responsabilidade funda-se no risco da atividade e tanto pode decorrer de falta de vigilância sobre o comportamento dos hóspedes como de falta de disciplina em sua admissão.	
7. Responsabilidade pelo produto do crime	Se a pessoa não participou do delito, mas recebeu seu produto, ainda que gratuitamente, deverá restituí-lo, não obstante ser inocente do ponto de vista penal. O dispositivo reafirma o princípio da repetição do indébito.	
8. Ação regressiva	Aquele que paga a indenização por ato de outrem tem um direito regressivo contra o causador do dano, salvo se este for descendente seu, absoluta ou relativamente incapaz (art. 934). A exceção em favor do descendente resulta de considerações de ordem moral, visando à solidariedade familiar.	
9. Responsabilidade do Estado	A CF de 1988	O assunto está regulamentado no art. 37, § 6º. A responsabilidade é objetiva, sob a modalidade do risco administrativo. A vítima não precisa provar a culpa do agente público. Basta a prova do dano e da relação de causalidade. Mas admite-se a inversão do ônus da prova. O Estado exonerar-se-á da obrigação de indenizar se provar culpa exclusiva da vítima, força maior ou fato exclusivo de terceiro. Em caso de culpa concorrente da vítima, a indenização será reduzida pela metade. A responsabilidade objetiva foi estendida às pessoas jurídicas de direito privado prestadoras de serviço público. A responsabilidade destas é subsidiária.
	Danos decorrentes de atos judiciais	Não é indispensável a verificação da ocorrência de culpa dos juízes e funcionários para que se caracterize a responsabilidade do Estado. Basta que o

9. Responsabilidade do Estado	Danos decorrentes de atos judiciais	serviço se revele falho. Quando o juiz ou tribunal desempenha funções administrativas, a responsabilidade do Estado não difere da dos atos da Administração Pública. O juiz só pode ser pessoalmente responsabilizado se houver dolo ou fraude de sua parte e, ainda, quando, sem justo motivo, recusar, omitir ou retardar medidas que deve ordenar de ofício ou a requerimento da parte (CPC, art. 143, I e II). A responsabilidade do Estado em decorrência de erro judiciário é reconhecida no art. 5º, LXXV, da CF.
	Danos decorrentes de atos legislativos	Se a lei inconstitucional acarreta dano aos particulares, caberá a responsabilidade do Estado, desde que a inconstitucionalidade tenha sido declarada pelo Judiciário. Tem sido reconhecida a responsabilidade ressarcitória do Estado, por lei constitucionalmente perfeita, quando causa dano injusto aos particulares.

Capítulo III

RESPONSABILIDADE PELO FATO DA COISA E DO ANIMAL

25 DA RESPONSABILIDADE NA GUARDA DA COISA INANIMADA

A regra nessa matéria é a de que se presume a responsabilidade dos proprietários das coisas em geral, e de animais, pelos danos que venham a causar a terceiros. Tal noção provém da teoria da guarda da coisa inanimada, que remonta ao art. 1.384 do Código Civil francês (Código de Napoleão) e vem sendo aplicada entre nós mediante o emprego da analogia. Embora o Código Civil brasileiro não proclame a responsabilidade dos donos das coisas em geral que causem danos a terceiros, alguns artigos responsabilizam os donos de certas coisas: o do animal (art. 936), o do edifício malconservado (art. 937) e o do prédio de onde caírem ou forem lançadas coisas em lugar indevido (art. 938), por exemplo. Seria ilógico responsabilizar o proprietário do animal ou do imóvel, nessas hipóteses, e não responsabilizar, em medida igual, o dono das demais coisas. Como os mencionados dispositivos legais presumem a culpa do dono (responsabilidade objetiva imprópria ou impura), também em outros casos em que a teoria é aplicada tal presunção só é ilidível mediante prova de caso fortuito ou força maior e de culpa exclusiva da vítima. Se o proprietário fica privado da guarda ou controle da coisa por furto ou roubo, sua responsabilidade desaparece, salvo se concorreu para a perda da posse por negligência (deixando o veículo em via pública, com as chaves no contato, p. ex.), caso em que sua culpa estará lastreada no art. 186 do diploma civil.

Essa teoria vem sendo aplicada, por exemplo, a dano provocado por detentor do veículo, não sendo filho nem empregado do dono; por queda de árvores e desabamentos; por rompimento de fio de alta tensão, estando refletida na Súmula 492 do Supremo Tribunal Federal, que responsabiliza a empresa locadora de veículo, "civil e solidariamente com o locatário, pelos danos por este causados a terceiros, no uso do carro locado". Tal súmula não vem sendo aplicada aos casos de arrendamento mercantil ou *leasing* e aos de alienação fiduciária, por não se confundirem com o contrato de locação, neles participando a financeira como mera intermediária.

26 RESPONSABILIDADE PELO FATO OU GUARDA DE ANIMAIS

A responsabilidade do dono do animal está inserida na teoria do guarda da coisa inanimada: é presumida, mas a presunção é vencível. Basta que a vítima prove o dano sofrido e a relação de causalidade com o fato do animal. Ao responsável incumbe afastar tal presunção, provando uma das excludentes mencionadas no referido art. 936: culpa da vítima ou força maior. Tem-se decidido que podem ser responsabilizados pelos danos causados por animais em rodovias seus proprietários e a concessionária de serviços públicos encarregada de sua conservação e exploração, visto proclamar o Código de Trânsito Brasileiro que o trânsito, "em condições seguras, é um direito de todos e dever dos órgãos e entidades componentes do Sistema Nacional de Trânsito, a estes cabendo, no âmbito das respectivas competências, adotar as medidas destinadas a assegurar esse direito", aduzindo que os referidos órgãos e entidades respondem "objetivamente por danos causados aos cidadãos em virtude de ação, omissão ou erro na execução e manutenção de programas, projetos e serviços que garantam o exercício do direito do trânsito seguro" (art. 1º, §§ 2º e 3º).

O Código de Defesa do Consumidor, por sua vez, no art. 14, responsabiliza os prestadores de serviços em geral (inclusive, portanto, as referidas concessionárias e permissionárias), independentemente da verificação de culpa, pelo defeito na prestação dos serviços, podendo assim ser considerada a permanência de animal na pista de rolamento, expondo a risco os usuários. Não bastasse, a Constituição Federal, no art. 37, § 6º, responsabiliza objetivamente as pessoas jurídicas de direito privado, prestadoras de serviço público, pelos danos que seus agentes causarem a terceiros, por ação ou omissão.

Desse modo, responde o dono do animal, objetivamente, pelos danos que este causar a terceiros, inclusive nas rodovias, somente se exonerando se provar culpa da vítima, caso fortuito ou força maior. Responde, também, de forma objetiva a concessionária ou permissionária encarregada da administração e fiscalização da rodovia, nos termos do art. 14 do Código de Defesa do Consumidor e do art. 37, § 6º, da Constituição Federal, salvo provando culpa exclusiva da vítima, caso fortuito ou força maior. O primeiro responde por ser o dono do animal, encarregado de sua guarda, devendo manter em ordem os muros e cercas de seus imóveis, para evitar que fuja para as estradas. A segunda, por permitir que o animal ingresse ou permaneça na rodovia, provocando risco de acidentes e criando insegurança para os usuários.

Nessa esteira, decidiu-se: "A responsabilidade pela presença de animais em rodovia, que se destina ao tráfego de alta velocidade – e, como tal, pressupõe perfeito isolamento de seus terrenos marginais – recai sobre a autarquia encarregada da construção e manutenção das estradas de rodagem nacionais. Na via de regresso, demonstrada a ilicitude do comportamento do proprietário de animais, poderá o ente público ressarcir-se do valor pago a título de indenização" (TRF, 4ª Região, Ap. 17.273-RS, rel. Min. Ellen Gracie Northfleet, *DJ*, 22 maio 1991).

27 RESPONSABILIDADE PELA RUÍNA DO EDIFÍCIO

Dispõe o art. 937 do Código Civil: "O dono de edifício ou construção responde pelos danos que resultarem de sua ruína, se esta provier de falta de reparos, cuja necessidade fosse manifesta". Há presunção de responsabilidade do dono do edifício ou construção quando qualquer parte de sua estrutura cai sobre as propriedades vizinhas ou sobre os transeuntes. Ressalva-se, apenas, a ação regressiva contra o construtor. Facilita-se a ação de reparação para a vítima, que só precisa provar o dano e a relação de causalidade.

Embora o dispositivo em estudo dê a impressão de que a vítima tenha de provar também que a ruína do edifício ocorreu devido à falta de reparos, cuja necessidade era manifesta, Aguiar Dias entende que a manifesta falta de reparos decorre do simples fato de ter havido a ruína: "tanto necessitava de reparos que caiu" (*Da responsabilidade*, cit., v. 2, p. 503). Ao dono do prédio é que compete a difícil incumbência de provar o contrário.

A ideia inspiradora do legislador, no Brasil e na França, consoante muito bem sintetizou Silvio Rodrigues, é a de "criar uma presunção de responsabilidade para o proprietário, nos casos contemplados na lei, a fim de facilitar a tarefa da vítima que reclama indenização pelos prejuízos por ela experimentados e defluentes da ruína de edifícios. De modo que a vítima não tem de buscar descobrir quem foi o responsável pelo defeito de construção do prédio, nem de indagar se o inquilino é o culpado pela falta de reparos da qual resultou o desabamento de uma casa; não lhe compete averiguar se a queda da construção resultou de imperícia do arquiteto que a projetou, ou do engenheiro que fiscalizou o andamento da obra; e assim por diante. Houve desabamento decorrente da falta de reparos, ou de vício de construção? O proprietário é responsável. Este, após pagar a indenização, pode, se quiser, promover ação regressiva contra o culpado, quer seja o empreiteiro da construção, quer seja o inquilino que não procedeu aos reparos, nem de sua necessidade deu ciência ao locador, seja quem for enfim. A lei, em face da vítima, presume a responsabilidade do proprietário, que é a única pessoa com legitimação passiva para a ação" (*Direito civil*, São Paulo, Saraiva, 1975, v. 4, p. 125-6).

Equipara-se ao edifício tudo o que nele está incorporado em caráter permanente, por exemplo, elevadores, escadas rolantes etc., pois a lei se refere tanto aos imóveis pela natureza como aos que o são por destinação. Assim, tem-se decidido: "Queda de elevador. Falta dos cuidados necessários manifesta. Indenização devida" (*RT*, 638:91). "Desabamento de prédio. Danos a veículo. Obrigação do proprietário daquele de indenizar. Desnecessidade da prova da culpa. Ação procedente. Inexistência de caso fortuito" (*RT*, 483:178, 521:267). "Deslizamento de área pertencente ao réu. Situação que se equipara à de ruína de edifício ou construção. Responsabilidade do proprietário pelos danos ocorridos no imóvel do autor. Aplicabilidade do art. 1.528 do CC" (de 1916, correspondente ao art. 937 do CC/2002) (*RT*, 724:326).

Anote-se que, se o acidente decorrer de falha na prestação de serviço ou no fornecimento do produto, decorrendo de relação de consumo, terá aplicação o Código de Defesa do Consumidor e não mais a teoria do fato da coisa. O fornecedor do produto ou serviço defeituoso que der causa ao acidente responderá objetivamente pelos danos causados.

28 RESPONSABILIDADE RESULTANTE DE COISAS QUE CAÍREM EM LUGAR INDEVIDO

A reparação do dano consequente ao lançamento de coisas líquidas (*effusis*) e sólidas (*dejectis*) de uma casa à rua é prevista no art. 938 do Código Civil, que assim dispõe: "Aquele que habitar prédio, ou parte dele, responde pelo dano proveniente das coisas que dele caírem ou forem lançadas em lugar indevido".

A responsabilidade, no caso, é puramente objetiva. Não se cogita de culpa. O aludido dispositivo legal pode ser considerado o exemplo mais flagrante da presunção de responsabilidade da guarda da coisa inanimada, em nosso direito. A vítima só tem de provar a relação de causalidade entre o dano e o evento. A presunção de responsabilidade do chefe de família que habita a casa (dono, locatário, usufrutuário, comodatário) só é removível mediante prova de culpa exclusiva da vítima (por ter provocado a queda do objeto) ou caso fortuito (que afasta a relação de causalidade). Na demonstração da culpa da vítima pode ser alegado que a coisa foi lançada em local adequado, destinado a esse fim (depósito de lixo, terreno interno), e que a vítima ali não deveria estar.

Embora a ideia inspiradora da regra tenha sido a de garantir o transeunte contra algum objeto que caia ou seja lançado, imprudentemente, do interior de uma residência, a jurisprudência a tem estendido a diversas situações. Assim é que já se decidiu que a construtora de uma obra deve indenizar o proprietário de veículo danificado em virtude da queda de andaime (*RT*, 506:236); que a queda de um eucalipto é fato previsível e torna o proprietário do prédio onde ele se encontra responsável pelo dano causado (*RT*, 413:324); que a queda de argamassa de cimento que se desprende de sacada de edifício e atinge transeunte sujeita os responsáveis pela obra a reparar os danos por este sofridos (*RT*, 412:160).

A responsabilidade recai sobre o habitante da casa, que não se escusa alegando que o ato prejudicial foi praticado por outra pessoa. Em relação às coisas e líquidos lançados ou caídos de edifícios, sem que se consiga apurar de qual apartamento tombou, a solução tem sido responsabilizar solidariamente todos os moradores. A expressão "todos os moradores" corresponde a todos os habitantes a cuja responsabilidade seja possível atribuir o dano. Nos grandes edifícios de apartamentos, o morador da ala oposta à em que se deu a queda ou lançamento de objeto ou líquido não pode, decerto, presumir-se responsável pelo dano.

O Superior Tribunal de Justiça, embora admitindo a hipótese de a totalidade dos condôminos arcar com a responsabilidade reparatória por danos causados a terceiros quando ocorre a impossibilidade de identificar o exato ponto de onde partiu a conduta lesiva, isentou, no caso em julgamento, os titulares de apartamentos sem janelas ou sacadas para a via pública onde a recorrida foi atingida, responsabilizando apenas os proprietários de unidades de onde poderia ter caído ou sido lançado o objeto que atingiu a vítima, aceitando o "princípio da exclusão" daqueles que certamente não poderiam ter concorrido para o fato (*RSTJ*, 116:259).

29 EXERCÍCIO DE ATIVIDADE PERIGOSA

A teoria do risco teve seu desenvolvimento acentuado a partir da introdução das máquinas no processo industrial e com os problemas relacionados aos acidentes de trabalho. O surto industrial do início do século XX provocou a disseminação do uso de máquinas, criando risco maior para certas atividades. Tem a doutrina anotado, dentro da referida teoria, uma responsabilidade decorrente do exercício de atividade perigosa, tomada em sentido dinâmico, relativa à utilização de diferentes veículos, máquinas, objetos e utensílios; e outra responsabilidade, de cunho estático, decorrente da propriedade de bens (pelo fato das coisas).

Na legislação italiana encontra-se o exercício de atividade perigosa como fundamento da responsabilidade civil, com inversão do ônus da prova. Aquele que causar dano a outrem no exercício de uma atividade perigosa, por sua natureza ou pela natureza do meio empregado, terá de ressarci-lo. O agente, no caso, só se exonerará da responsabilidade se provar que adotou todas as medidas idôneas para evitar o dano. Disposições semelhantes são encontradas no Código Civil mexicano, no espanhol, no português, no libanês e em outros.

O Código Civil reflete a moderna tendência no parágrafo único do art. 927, *verbis*: "Haverá obrigação de reparar o dano, independentemente de culpa, nos casos especificados em lei, ou quando a atividade normalmente desenvolvida pelo autor do dano implicar, por sua natureza, risco para os direitos de outrem". Adota, assim, solução mais avançada e mais rigorosa que a do direito italiano, também acolhendo a teoria do exercício de atividade perigosa e o princípio da responsabilidade independentemente de culpa nos casos especificados em lei, a par da responsabilidade subjetiva como regra geral, não prevendo, porém, a possibilidade de o agente, mediante a inversão do ônus da prova, exonerar-se da responsabilidade se provar que adotou todas as medidas aptas a evitar o dano.

Trata-se da mais relevante inovação introduzida no Código Civil, no que tange à responsabilidade civil. Antes, a responsabilidade independentemente de culpa somente existia nos casos especificados em leis especiais. Atualmente, mesmo inexistindo lei que regulamente o fato, pode o juiz aplicar o princípio da responsabilidade objetiva (independentemente de culpa), baseando-se no dispositivo legal mencionado, "quando a atividade normalmente desenvolvida pelo autor do dano implicar, por sua natureza, risco para os direitos de outrem".

A obrigação de reparar o dano surge, pois, do simples exercício da atividade que o agente desenvolve em seu interesse e sob seu controle, como fundamento de responsabilidade. Passou-se, assim, de um ato ilícito (teoria subjetiva) para um lícito, mas gerador de perigo (teoria objetiva), para caracterizar a responsabilidade civil. Inserem-se nesse novo contexto atividades que, embora legítimas, merecem, por seu caráter de perigosas – seja pela natureza (fabricação de explosivos e de produtos químicos, produção de energia nuclear etc.), seja pelos meios empregados (substâncias, máquinas, aparelhos e instrumentos perigosos, transportes etc.) –, tratamento jurídico especial em que não se cogita da subjetividade do agente para sua responsabilização pelos danos ocorridos. Deve ser considerada perigosa aquela atividade que contenha em si notável potencialidade danosa, em relação ao critério da normalidade média e revelada por meio de estatísticas, de elementos técnicos e da própria experiência comum.

Em matéria de responsabilidade civil extracontratual decorrente de acidente de veículos, a jurisprudência ainda tem se utilizado do critério da culpa para solucionar os diversos litígios que são instaurados. No entanto, em casos de atropelamento, sem culpa da vítima, ou de abalroamento de veículos parados ou de postes e outros obstáculos, tem-se feito referência à teoria do risco objetivo ou do exercício de atividade perigosa para responsabilizar o motorista ou o proprietário do veículo, afastando-se a alegação de caso fortuito em razão de defeitos mecânicos ou de problemas de saúde ligados ao condutor.

Quadro sinótico – Responsabilidade pelo fato da coisa e do animal

1. Responsabilidade na guarda da coisa inanimada	A regra nessa matéria é que se presume a responsabilidade dos proprietários das coisas em geral, e de animais, pelos danos que venham a causar a terceiros. Tal noção provém da teoria da guarda da coisa inanimada, que remonta ao art. 1.384 do CC francês e vem sendo aplicada entre nós mediante o emprego da analogia. Embora o CC brasileiro não proclame a responsabilidade dos donos das coisas em geral que causem danos a terceiros, alguns artigos responsabilizam os donos de certas coisas (arts. 936, 937, 938). O princípio foi, pois, acolhido.
2. Responsabilidade na guarda de animais	A responsabilidade do dono do animal é presumida, mas a presunção é vencível. Basta que a vítima prove o dano sofrido e a relação de causalidade com o fato do animal. Ao responsável incumbe afastar tal presunção, provando uma das excludentes mencionadas no art. 936: culpa da vítima ou força maior.
3. Responsabilidade pela ruína do edifício	Há presunção de responsabilidade do dono do edifício ou construção quando qualquer parte de sua estrutura cai sobre as propriedades vizinhas ou sobre os transeuntes (art. 937). Ressalva-se, apenas, a ação regressiva contra o construtor. Facilita-se a ação de reparação para a vítima, que só precisa provar o dano e a relação de causalidade.
4. Responsabilidade resultante de coisas que caírem em lugar indevido	A responsabilidade do dano consequente ao lançamento de coisas líquidas (*effusis*) e sólidas (*dejectis*) de uma casa à rua é prevista no art. 938 do CC. A responsabilidade, no caso, é puramente objetiva. Não se cogita de culpa. A responsabilidade recai sobre o habitante da casa. A jurisprudência a tem estendido a diversas situações: queda de andaime, queda de eucalipto, queda de argamassa de cimento que se desprende de sacada de edifício e atinge transeunte etc.
5. Exercício de atividade perigosa	Aquele que causar dano a outrem no exercício de uma atividade perigosa, por sua natureza ou pela natureza do meio empregado, terá de ressarci-lo, independentemente de culpa (art. 927, parágrafo único). A obrigação de reparar o dano surge do simples exercício da atividade que o agente desenvolve em seu interesse e sob seu controle, como fundamento de responsabilidade. Passou-se, assim, de um ato ilícito (teoria subjetiva) para um lícito, mas gerador de perigo (teoria objetiva), para caracterizar a responsabilidade civil.

Título II
DA CULPA

30 CONCEITO E ELEMENTOS

A culpa é um dos pressupostos da responsabilidade civil. Nesse sentido, preceitua o art. 186 do Código Civil que a ação ou omissão do agente seja "voluntária" ou que ocorra, pelo menos, "negligência" ou "imprudência". Para que haja obrigação de indenizar, não basta que o autor do fato danoso tenha procedido ilicitamente, violando direito (subjetivo) de outrem. A obrigação de indenizar não existe, em regra, só porque o agente causador do dano procedeu objetivamente mal. É essencial que ele tenha agido com culpa: por ação ou omissão voluntária, por negligência ou imprudência, como expressamente se exige no art. 186 do Código Civil. Agir com culpa significa atuar o agente em termos de, pessoalmente, merecer a censura ou reprovação do direito – o que só pode ocorrer quando, em face das circunstâncias concretas da situação, caiba afirmar que ele podia e devia ter agido de outro modo. O critério para aferição da diligência exigível do agente, e, portanto, para caracterização da culpa, é o da comparação de seu comportamento com o do *homo medius*, do homem ideal, que diligentemente prevê o mal e precavidamente evita o perigo.

31 CULPA E DOLO

Se a atuação desastrosa do agente é deliberadamente procurada e voluntariamente alcançada, diz-se que houve culpa *lato sensu* (dolo). Dolo é, portanto, o propósito de causar dano a outrem. É a infração consciente do dever preexistente. Se, entretanto, o prejuízo da vítima é decorrência de comportamento negligente e imprudente do autor do dano, diz-se que houve culpa *stricto sensu*, também denominada culpa aquiliana.

O juízo de reprovação próprio da culpa pode, pois, revestir-se de intensidade variável, correspondendo à clássica divisão da culpa em dolo e negligência, abrangendo esta última, hoje, a imprudência e a imperícia. Em qualquer de suas modalidades, entretanto, a culpa implica a violação de um dever de diligência, ou, em outras palavras, a violação do dever de previsão de certos fatos ilícitos e de adoção das medidas capazes de evitá-los.

O Código Civil, entretanto, não faz distinção alguma entre dolo e culpa, nem entre os graus de culpa, para fins de reparação do dano. Tenha o agente agido com dolo ou culpa levíssima, existirá sempre a obrigação de indenizar, obrigação esta que será calculada exclusivamente sobre a extensão do dano. Em outras palavras, mede-se a indenização pela extensão do dano e não pelo grau de culpa, com algumas poucas exceções. Adotou o legislador a norma romana, segundo a qual a culpa, ainda que levíssima, obriga a indenizar. No entanto, nos contratos benéficos, responde só por dolo o contratante a quem o contrato não favoreça (CC, art. 392).

Assim, provado o dano, deve ser ele ressarcido integralmente por seu causador, tenha agido com dolo, culpa grave ou mesmo levíssima. O montante da indenização nunca pode exceder o valor dos danos causados ao lesado. Por outro lado, não deve ser menor que estes. Entretanto, a muitos tal solução pode não se revelar justa, em casos de culpa extremamente leve. Melhor seria que a indenização pudesse ser fixada em montante inferior ao dano, em certos casos. É a solução adotada no art. 944 do Código Civil brasileiro, consagrada no Código português vigente e que na Alemanha conta com grande número de defensores.

Dispõe, com efeito, o aludido dispositivo: "Art. 944. A indenização mede-se pela extensão do dano. Parágrafo único. Se houver excessiva desproporção entre a gravidade da culpa e o dano, poderá o juiz reduzir, equitativamente, a indenização". A primeira parte consagra o princípio tradicional de que, desde que haja culpa, a obrigação de indenizar, a cargo do agente, é sempre a mesma. A cobertura dos danos causados será integral, quer ele tenha agido com dolo, quer tenha procedido com mera negligência. Entretanto, o parágrafo único confere ao juiz o poder de agir equitativamente, facultando-lhe reduzir a indenização quando excessiva, se mostrar a desproporção entre seu valor e o grau de culpa do responsável.

32 CULPA E RISCO

Sabemos que a concepção clássica é a de que a vítima tem de provar a culpa do agente para obter a reparação. Essa solução, no entanto, passou por diversos estágios evolutivos, em virtude da necessidade de melhor amparar os acidentados, facilitando-lhes a tarefa da busca da justa indenização. Tal evolução foi motivada especialmente pelo desenvolvimento industrial, pelo advento do maquinismo e do crescimento populacional. O conceito tradicional de culpa apresentava-se, então, inadequado para servir de suporte à teoria da responsabilidade civil, pois o fato de impor à vítima, como pressuposto para ser ressarcida do prejuízo experimentado, o encargo de demonstrar não só o liame de causalidade, como por igual o comportamento culposo do agente causador do dano, equivalia a deixá-la irressarcida, visto que em inúmeros casos o ônus da prova surgia como barreira intransponível.

Poderíamos relacionar as seguintes fases pelas quais passou a teoria da responsabilidade civil, abrandando, pouco a pouco, o rigor de exigir a prova de culpa do agente, até chegar à teoria do risco, como última etapa da evolução:

a) primeiro, procurou-se proporcionar maior facilidade à prova da culpa. Os tribunais, em muitos casos, passaram a examinar com benignidade a prova de culpa produzida pela vítima, extraindo-a de circunstâncias do fato e de outros elementos favoráveis;

b) admissão da teoria do abuso de direito como ato ilícito (*v.* n. 11, *retro*);

c) estabelecimento de casos de presunção de culpa (Código de Menores de 1927, art. 68, § 4º; Súmula 341 do STF; a lei sobre a responsabilidade das estradas de ferro etc.), casos estes que invertem sempre o ônus da prova, melhorando muito a situação da vítima. Para livrar-se da presunção de culpa, o causador da lesão patrimonial ou moral é que terá de produzir prova de inexistência de culpa, ou de ocorrência de caso fortuito. Quando, porém, se foi à frente, e, no direito francês, acabou por se admitir, na responsabilidade complexa por fato das coisas, a chamada teoria da culpa na guarda, com presunção *juris et de jure*, irrefragável, então, sim, foi que se começou a pisar, de maneira efetiva, no terreno firme do risco;

d) admissão de maior número de casos de responsabilidade contratual (transportes em geral), que oferecem vantagem para a vítima no tocante à prova, visto que esta precisa provar apenas que não chegou incólume ao seu destino, e que houve, pois, inadimplemento contratual;

e) adoção da teoria do risco, pela qual não há falar em culpa. Basta a prova da relação de causalidade entre a conduta e o dano.

A teoria do risco, embora admitida em algumas hipóteses específicas pelo legislador, não se generalizou, pois na maioria dos casos ainda prevalece a teoria da culpa. No Brasil, podem ser mencionados os seguintes casos de adoção da teoria do risco em sua essência: **a)** o Decreto n. 2.681, de 7-12-1912, que trata da responsabilidade das estradas de ferro por danos causados aos proprietários marginais (art. 26); **b)** a Lei de Acidentes do Trabalho de 1934 e as que se lhe seguiram; **c)** o Código Brasileiro do Ar, de 1938, e o Código Brasileiro de Aeronáutica, de 1986; **d)** a Lei n. 6.453, de 17-10-1977, que estabelece, em seu art. 4º, a responsabilidade civil do operador de instalação nuclear, independentemente da existência de culpa, pela reparação de dano causado por acidente nuclear; **e)** os arts. 937 e 938 do Código Civil, que se referem, respectivamente, ao dono do prédio que venha a ruir por falta de reparos e àquele que habitar prédio, ou parte dele, de onde venham a cair ou a serem lançadas coisas em lugar indevido; **f)** o parágrafo único do art. 927 do mesmo diploma, que estabelece a obrigação de reparar o dano, independentemente de culpa, nos casos especificados em lei, ou quando a atividade normalmente desenvolvida pelo autor do dano implicar, por sua natureza, risco para os direitos de outrem; **g)** o art. 933 do Código Civil, pelo qual os pais, tutores, curadores, empregadores etc. respondem, independentemente de culpa, pelos atos danosos de terceiros; **h)** a responsabilidade objetiva do dono ou guarda da coisa inanimada; **i)** o seguro obrigatório; **j)** a Lei n. 6.938/81, que trata dos danos causados ao meio ambiente; **k)** a Constituição Federal de 1988 (art. 37, § 6º); **l)** a Lei n. 8.078/90 (Código de Defesa do Consumidor) e outras.

Algumas dessas leis são rigorosas, responsabilizando o causador do dano independentemente de culpa e não admitindo nenhuma excludente. A exonerativa do fortuito, ou força maior, contudo, quando comprovada, deve ser sempre acolhida, mesmo quando não mencionada, por romper o nexo causal. Outras, no entanto, mais benignas, malgrado responsabilizem objetivamente o causador do dano, admitem expressamente algumas excludentes, como a culpa exclusiva da vítima (não em caso de culpa concorrente) e o fortuito e a força maior.

33 EFEITOS NO CÍVEL DA SENTENÇA PROFERIDA NO CRIME

33.1. INTERAÇÃO ENTRE AS JURISDIÇÕES CIVIL E PENAL

A jurisdição, como função soberana atribuída ao Judiciário, é uma só. Costuma-se dizer que é una e indivisível. A divisão que se estabelece entre jurisdição civil e jurisdição penal é apenas de ordem prática, ou seja, para facilitar seu exercício. A diversidade de matérias sobre as quais se pode exercer a atividade jurisdicional e certas necessidades sentidas pelo Estado de atribuir a órgãos especializados o processo e julgamento de determinadas causas levaram-no a repartir a jurisdição.

Dispõe o art. 935 do Código Civil que "a responsabilidade civil é independente da criminal, não se podendo questionar mais sobre a existência do fato, ou quem seja o seu autor, quando estas questões se acharem decididas no juízo criminal" (destaques do autor). Referido estatuto estabeleceu, assim, a independência entre a responsabilidade civil e a criminal, pois diversos são os campos de ação da lei penal e da lei civil. Entretanto, para evitar que um mesmo fato tenha julgamentos conflitantes, reconhecendo-se, por exemplo, sua existência num juízo e sua inexistência em outro – o que acarretaria um desprestígio para a justiça –, criou-se um mecanismo destinado a promover a interação entre as jurisdições civil e penal, pelo qual pode haver, em certos casos, influência no cível da decisão proferida no crime, e vice-versa.

Como caracterizadoras dessa interação podem ser mencionadas algumas situações: a da chamada "suspensão prejudicial" do processo-crime, quando, por ser relevante para o julgamento o deslinde de uma questão civil, suspende-se o processo criminal à espera da solução da lide no cível (CPP, arts. 92 a 94); a situação decorrente da autoridade que às vezes tem no cível a sentença penal condenatória passada em julgado (CP, art. 91, I; CPP, arts. 65 e 66); a faculdade concedida ao juiz de suspender o andamento do processo civil, até a solução da lide penal (CPP, art. 64).

O Código estabeleceu, assim, na primeira parte do aludido dispositivo, a independência da responsabilidade civil da responsabilidade criminal, pois diversos são os campos de ação da lei penal e da lei civil. Mas a segunda parte mostra que tal separação não é absoluta e que o sistema adotado é o da independência relativa.

33.2. A SENTENÇA CRIMINAL CONDENATÓRIA

Para condenar, o juiz criminal pronuncia-se sobre a existência do fato, admitindo-o e definindo também quem é seu autor. Não pode haver sentença condenatória sem prova da existência do fato e de sua autoria. Assim, movida a ação cível, não poderão mais ser discutidas a existência do fato e a questão da autoria, pois tais circunstâncias já estão decididas no crime e produzem efeito absoluto no cível (CC, art. 935, 2ª parte). De nada adianta o réu, no cível, alegar que não teve culpa ou não é o autor. Se já foi condenado criminalmente é porque já se lhe reconheceu o dolo, ou a culpa, não podendo ser reexaminada a questão no juízo cível. A sentença criminal condenatória, com trânsito em julgado, sempre faz, pois, coisa julgada no cível (*RT*, 629:140). Por sua vez, menciona o Código Penal, como efeito da sentença condenatória, "tornar certa a obrigação de indenizar o dano causado pelo crime" (art. 91, I). Em perfeita sintonia, o art. 63 do Código de Processo Penal estabelece: "Transitada em julgado a sentença condenatória, poderão promover-lhe a execução, no juízo cível, para o efeito da reparação do dano, o ofendido, seu representante legal ou seus herdeiros". E, por último, o Código de Processo Civil arrola a "sentença penal condenatória transitada em julgado" como título executivo judicial (art. 515, VI). Na execução promovida no juízo cível, com base em tal título (*actio judicati*), não mais se discutirá o *an debeatur* (se deve) e sim o *quantum debeatur* (quanto é devido).

Munido de carta de sentença, ou de certidão em inteiro teor da condenação com trânsito em julgado, o lesado promoverá, no juízo cível, primeiro a liquidação, para determinar o valor da indenização. Sem prejuízo do disposto no art. 63, pode este propor ação (*actio civilis ex delicto*) para o ressarcimento do dano no juízo cível. Malgrado a divergência anteriormente existente nos tribunais sobre o assunto, já decidiu o Supremo Tribunal Federal que o Ministério Público é parte ativa legítima para a ação civil de indenização, em favor da vítima pobre, a teor do art. 68 do Código de Processo Penal, que foi recepcionado pela Constituição Federal em vigor, uma vez que, não podendo o titular do direito arcar com as despesas processuais, não se lhe poderia negar o direito fundamental de acesso ao Judiciário, assegurado no art. 5º, XXXV (RE 136.206-5-SP, *DJU*, 18 out. 1996, p. 39883). Posteriormente, o mesmo Tribunal afirmou: "No contexto da Constituição de 1988, a atribuição anteriormente dada ao Ministério Público pelo art. 68 do Código de Processo Penal – constituindo modalidade de assistência judiciária – deve reputar-se transferida para a Defensoria Pública. Esta, porém, para esse fim, só se pode considerar existente, onde e quando organizada, de direito e de fato, nos moldes do art. 134 da própria Constituição e da lei complementar por ela ordenada. Até que, na União ou em cada Estado considerado, se implemente essa condição de viabilização da cogitada transferência constitucional de atribuições, o art. 68 do Código de Processo Penal será considerado ainda vigente. É o caso do Estado de São Paulo, como decidiu o plenário no RE 135.328" (RE 147.776-SP, *DJU*, 19 jun. 1998).

A sentença penal condenatória do empregado não pode ser executada contra o patrão. Contra este, que não figura no título (sentença) como devedor (CPC, art. 779, I), deverá ser proposta a *actio civilis* (para a formação de título executivo em que figure como devedor) e não a *actio judicati*. Há divergências sobre a possibilidade de ser ou não rediscutida a ilicitude da conduta do preposto, condenado criminalmente. A opinião correta é a expendida por Ada Pellegrini Grinover, com suporte na teoria de Liebman sobre a coisa julgada e no art. 472 do Código de Processo Civil [de 1973; atual, art. 506], bem como no princípio constitucional do devido processo legal, no sentido de que a coisa julgada só pode atingir o réu do processo penal, não o responsável civil (*Eficácia e autoridade da sentença penal*, São Paulo, Revista dos Tribunais, 1978, p. 49-54). Assim, poderá o patrão, em tese, rediscutir a sentença condenatória proferida em processo de que não participou, não só no tocante a sua responsabilidade civil – que na ação penal não foi assentada –, mas também no que se refere ao reconhecimento do fato e da autoria, que pode ter resultado de uma atitude processual insatisfatória da parte. Igualmente, poderá arguir a culpa concorrente da vítima, para reduzir o valor da indenização proporcionalmente ao grau de culpa desta.

Se a ação civil estiver em andamento e sobrevier sentença criminal condenatória com trânsito em julgado, nenhum interesse processual haverá em dar continuidade ao processo de conhecimento, que deverá, assim, ser extinto por falta de interesse (cf. *RT*, 620:83), pois o ofendido já passou a dispor de título executivo judicial.

A Lei n. 11.719, de 20 de junho de 2008, deu nova redação ao inciso IV do art. 387 do Código de Processo Penal, estabelecendo que o juiz, ao proferir sentença condenatória, "fixará valor mínimo para reparação dos danos causados pela infração, considerando os prejuízos sofridos pelo ofendido". Tal inovação agiliza o pagamento da indenização devida pelo infrator condenado criminalmente.

33.3. A SENTENÇA ABSOLUTÓRIA

A sentença penal absolutória, contudo, nem sempre faz coisa julgada no cível. Em três hipóteses o réu absolvido poderá ser condenado, no cível, a ressarcir o prejuízo causado à vítima: **a)** quando a absolvição criminal se dá por falta ou insuficiência de provas para a condenação (CPP, art. 386, VII), porque a vítima poderá produzir, no cível, as provas que faltaram no processo-crime; **b)** quando a sentença criminal reconhecer "não constituir o fato infração penal" (art. 386, III), pois poderá constituir ilícito civil; **c)** quando a absolvição se fundar em "inexistência de culpa" do réu, porque o juízo criminal é mais exigente na aferição da culpa; no cível, a mais leve culpa obriga o agente a indenizar.

No entanto, em dois casos a sentença criminal absolutória faz coisa julgada no cível, fechando as portas deste ao ressarcimento do dano: **a)** se reconhece, categoricamente, a inexistência material do fato, ou se afirma não ter sido o réu o autor do crime (CC, art. 935), porque nas duas hipóteses houve um pronunciamento, embora de caráter negativo, "sobre a existência do fato, ou quem seja o seu autor", não se podendo mais questionar sobre essas questões no cível;

b) se reconhece ter sido o ato praticado em estado de necessidade, em legítima defesa, em estrito cumprimento do dever legal ou no exercício regular de direito (CPP, arts. 65 e 386, VI). Por sua vez, o art. 188 do Código Civil, harmonicamente, proclama não constituírem atos ilícitos os praticados em legítima defesa, estado de necessidade ou no exercício regular de um direito reconhecido. Embora não explícito, o "cumprimento do dever legal" está contido no referido dispositivo, porquanto atua no exercício regular de um direito reconhecido aquele que pratica um ato "no estrito cumprimento de dever legal". Assim, se o juiz penal reconhece ter o agente praticado o ato em qualquer dessas situações, tal decisão faz coisa julgada no cível, onde não se poderá mais negar a existência dessas excludentes.

Porém, apesar de reconhecer a licitude do ato praticado em estado de necessidade, a lei civil não exonera seu autor da responsabilidade pelo ressarcimento do dano, como expressamente dispõe nos arts. 929 e 930 (*v.* v. 1, n. 53.3). Reconhecidas no juízo penal, entretanto, as demais excludentes mencionadas, tal decisão será observada no cível, e o agente ficará exonerado de qualquer responsabilidade. Porém, somente a legítima defesa real, e praticada contra o agressor (art. 188, I), deixa de ser ato ilícito, apesar do dano causado, impedindo a ação de ressarcimento de danos. Se o agente, por erro de pontaria (*aberratio ictus*), atingir um terceiro, ficará obrigado a indenizar os danos a este causados, nos termos dos arts. 186 e 927, ficando, porém, com direito à ação regressiva contra o injusto ofensor (art. 930, parágrafo único, que se reporta ao art. 188, I).

A legítima defesa putativa também não exime o réu de indenizar o dano, pois somente exclui a culpabilidade e não a antijuridicidade do ato. O art. 65 do Código de Processo Penal não faz nenhuma referência às causas excludentes da culpabilidade, ou seja, às denominadas dirimentes penais. Uma vez que se trata de erro de fato, não há que cogitar da aplicação do mencionado dispositivo legal. Na legítima defesa putativa, o ato de quem a pratica é ilícito, embora não punível por ausência de culpabilidade em grau suficiente para a condenação criminal. No cível, entretanto, a culpa, mesmo levíssima, obriga a indenizar. E não deixa de haver negligência na apreciação equivocada dos fatos. Na esfera cível, o excesso, a extrapolação da legítima defesa, por negligência ou imprudência, configura a situação do art. 186 do Código Civil.

As sentenças de pronúncia ou de impronúncia do réu não obstam a ação cível, pois ainda não há qualquer condenação criminal. Igualmente, não impedirão sua propositura o despacho de arquivamento do inquérito e a decisão que julgar extinta a punibilidade (CPP, art. 67). Se o juiz entender necessário, poderá suspender o andamento da ação de indenização, até a solução do processo criminal (CPP, art. 64, parágrafo único; CPC, art. 315). Não se trata de obrigação, mas de mera faculdade. Há casos em que deve fazê-lo, para evitar decisões contraditórias (quando se nega, no juízo criminal, a existência do fato ou da autoria, p. ex.). Há outros, contudo, em que tal suspensão se mostra desnecessária, por exemplo, quando se argui insuficiência de provas para a condenação ou inexistência de culpa. A simples existência de inquérito policial não autoriza a suspensão da ação civil, porquanto a investigação não é fase da relação processual. Cumpre, ainda, registrar que a interposição de revisão criminal não autoriza o juiz, ou tribunal, a suspender o curso da ação civil.

O art. 313, § 5º, do Código de Processo Civil proíbe a suspensão da ação civil por tempo superior a um ano. Findo esse prazo, o juiz mandará prosseguir no processo. Se a ação civil, não suspensa, ou mandada prosseguir depois de escoado o prazo legal de um ano, for julgada improcedente, e a sentença transitar em julgado, poderá ocorrer a hipótese de o réu vir a ser condenado, posteriormente, na esfera criminal. Malgrado respeitáveis opiniões no sentido de que, nesse caso, deve prevalecer a sentença penal condenatória, que constitui, por si só, título executivo judicial, na realidade não há nenhuma razão de ordem jurídica para o acolhimento dessa solução, pois a posterior condenação criminal, ao surgir, esbarra numa situação definitivamente consolidada pela coisa julgada civil.

Por outro lado, a prescrição da pretensão executória da condenação, que só ocorre depois do trânsito em julgado da sentença, não retira a força executiva desta, exercitável no âmbito civil, já que não se confundem seus efeitos com os decorrentes da prescrição da pretensão punitiva. Na prescrição da pretensão executória, a ação penal foi declarada procedente e apenas não haverá o cumprimento da pena principal, persistindo, porém, as consequências secundárias da condenação, inclusive aquelas projetadas no campo civil, quanto a sua executoriedade indenizatória. Mas a prescrição retroativa e a prescrição intercorrente são formas de prescrição da pretensão punitiva e, por esse motivo, afastam todos os efeitos, principais e secundários, penais e extrapenais, da condenação. Por outro lado, tem-se entendido que, por ser o perdão judicial uma causa extintiva da punibilidade, a sentença que o concede é declaratória, não subsistindo, assim, qualquer efeito, inclusive de natureza secundária. Nesse sentido prescreve a Súmula 18 do Superior Tribunal de Justiça: "A sentença concessiva do perdão judicial é declaratória da extinção da punibilidade, não subsistindo qualquer efeito condenatório".

A absolvição conseguida em sede de revisão criminal nada altera a situação que decorre do pronunciamento exarado na Justiça Cível, que não depende das conclusões prolatadas na Justiça Penal, máxime se o acórdão proferido na revisão não declarou que o fato não constituía infração penal ou que o réu não concorrera para que o fato se consumasse, decidindo tão somente que não existiam provas suficientes para sua condenação no juízo criminal ou que ocorreu alguma nulidade processual. Incabível ação rescisória, visto não ter sido contemplada no rol dos motivos para a rescisão dos julgados (CPC, art. 966) a hipótese de, pronunciada e transitada em julgado uma primeira sentença, esta servir de base a uma segunda sentença, mas que logicamente depende da decisão contida na primeira, e, passada em julgado a segunda sentença, surgirem depois elementos para impugnar a primeira sentença (cf. RT, 600:103).

Cumpre lembrar, ainda, a existência de situações em que a sentença proferida no juízo cível é que vai influenciar o processo-crime, fazendo coisa julgada: no crime de bigamia, a que der pela inexistência de um dos casamentos; no de esbulho possessório, a que deferir a posse em favor do réu; no de falsidade documental, a que decidir eventual incidente de falsidade. Poderá o juiz, nesses casos, suspender a ação penal (CPP, arts. 92 e 93).

Quadro sinótico – Da culpa

1. Conceito e elementos	Agir com culpa significa atuar o agente em termos de, pessoalmente, merecer a censura ou reprovação do direito. O critério para aferição da diligência exigível do agente e caracterização da culpa é o da comparação de seu comportamento com o do *homo medius*, do homem ideal, que precavida-

<table>
<tr><td>1. Conceito e elementos</td><td colspan="3">mente evita o perigo. A obrigação de indenizar exige que o agente tenha agido com culpa: por ação ou omissão voluntária, por negligência ou imprudência (CC, art. 186).</td></tr>
<tr><td>2. Culpa e dolo</td><td colspan="3">Dolo é o propósito de causar dano a outrem. É a infração consciente do dever preexistente. Se, entretanto, o prejuízo da vítima é decorrência de comportamento negligente e imprudente do autor do dano, diz-se que houve culpa stricto sensu, também denominada culpa aquiliana.
O CC não faz distinção entre dolo e culpa, nem entre os graus de culpa. Tenha o agente agido com dolo ou culpa levíssima, existirá sempre a obrigação de indenizar. Mede-se a indenização pela extensão do dano e não pelo grau de culpa.
Todavia, "se houver excessiva desproporção entre a gravidade da culpa e o dano, poderá o juiz reduzir, equitativamente, a indenização" (CC, art. 944 e parágrafo único).</td></tr>
<tr><td>3. Culpa e risco</td><td colspan="3">A concepção clássica é a de que a vítima tem de provar a culpa do agente para obter a reparação. Essa solução, no entanto, passou por diversos estágios evolutivos, em virtude da necessidade de melhor amparar os acidentados, até se chegar à teoria do risco, após o desenvolvimento industrial. Pela aludida teoria não há falar em culpa. Basta a prova da relação de causalidade entre a conduta e o dano. No Brasil foi ela adotada em diversas leis esparsas e em vários artigos do CC (933, 927, parágrafo único, 937, 938 etc.).</td></tr>
<tr><td rowspan="3">4. Efeitos no cível da sentença criminal</td><td>Interação entre as jurisdições civil e penal</td><td colspan="2">O art. 935 do CC estabeleceu a independência entre a responsabilidade civil e a criminal. Entretanto, para evitar decisões conflitantes sobre o mesmo fato, criou-se um mecanismo destinado a promover a interação entre as jurisdições civil e penal, pelo qual pode haver, em certos casos, influência no cível da decisão proferida no crime, e vice-versa.</td></tr>
<tr><td>Sentença condenatória</td><td colspan="2">Sempre faz coisa julgada no cível, porque para haver condenação criminal o juiz tem de reconhecer a existência do fato e a sua autoria, bem como o dolo ou a culpa do agente (CP, art. 91, I; CPC, art. 515, VI).</td></tr>
<tr><td>Sentença absolutória</td><td>Faz coisa julgada no cível</td><td>a) Quando reconhece, expressamente, a inexistência do fato ou que o réu não foi o autor (CPP, art. 66; CC, art. 935, 2ª parte).
b) Quando reconhece que o fato foi praticado em legítima defesa, em estado de necessidade, em estrito cumprimento do dever legal ou no exercício regular de um direito (CPP, art. 65). A legítima defesa precisa ser real e contra o</td></tr>
</table>

4. Efeitos no cível da sentença criminal	Sentença absolutória	Faz coisa julgada no cível	agressor, pois a putativa e a que causa dano a terceiro não excluem a responsabilidade civil. Também não a exclui o ato praticado em estado de necessidade (CC, arts. 929 e 930).
		Não faz coisa julgada no cível	a) Quando a absolvição se dá por falta ou insuficiência de provas para a condenação (que podem ser produzidas pela vítima, no cível). b) Quando a absolvição se dá por não ter havido culpa do agente (CPP, art. 66). O juiz criminal é mais exigente em matéria de culpa. No cível, mesmo a culpa levíssima (insuficiente para a condenação criminal) obriga a indenizar. c) Quando ocorre absolvição porque se reconhece que o fato não constitui infração penal (mas pode ser ilícito civil – CPP, art. 67).

Título III
DA RELAÇÃO DE CAUSALIDADE

34 O LIAME DA CAUSALIDADE

Um dos pressupostos da responsabilidade civil é a existência de um nexo causal entre o fato ilícito e o dano produzido. Sem essa relação de causalidade não se admite a obrigação de indenizar. O art. 186 do Código Civil a exige expressamente, ao atribuir a obrigação de reparar o dano àquele que, por ação ou omissão voluntária, negligência ou imprudência, causar prejuízo a outrem. O dano só pode gerar responsabilidade quando seja possível estabelecer um nexo causal entre ele e seu autor, ou seja, quando se esteja diante de uma relação necessária entre o fato incriminado e o prejuízo. É necessário que se torne certo que, sem esse fato, o prejuízo não poderia ter lugar.

Um dos problemas mais debatidos em direito diz respeito ao critério a ser utilizado para chegar à conclusão de que, no concurso de várias circunstâncias, uma dentre elas é que foi o fato determinante do prejuízo. A teoria do nexo causal encerra dificuldades porque, em razão do aparecimento de concausas, a pesquisa da verdadeira causa do dano nem sempre é fácil. Essas concausas podem ser sucessivas ou simultâneas. Nas últimas, há um só dano, ocasionado por mais de uma causa. É a hipótese de um dano que pode ser atribuído a várias pessoas. O Código Civil, em matéria de responsabilidade extracontratual, dispõe que, neste caso, ela é solidária (cf. art. 942, parágrafo único).

A grande dificuldade, entretanto, está no estudo das concausas sucessivas, em que se estabelece uma cadeia de causas e efeitos. A dificuldade está em saber qual delas deve ser escolhida como a responsável pelos danos. Agostinho Alvim exemplifica e indaga: "Suponha-se que um prédio desaba por culpa do engenheiro que foi inábil; o desabamento proporcionou o saque; o saque deu como consequência a perda de uma elevada soma, que estava guardada em casa, o que, por sua vez, gerou a falência do proprietário. O engenheiro responde por esta falência?" (*Da inexecução das obrigações e suas consequências*, 3. ed., Ed. Jurídica e Universitária, p. 328). Três são as principais teorias formuladas a respeito dessa questão: a da equivalência das condições, a da causalidade adequada e a que exige que o dano seja consequência imediata do fato que o produziu.

35 A PESQUISA DO NEXO CAUSAL

Pela teoria da equivalência das condições, também denominada da "condição *sine qua non*", toda e qualquer circunstância que haja concorrido para produzir o dano é considerada uma causa. Sua equivalência resulta de que, suprimida uma delas, o dano não se verificaria. O ato do autor do dano era condição *sine qua non* para que o dano se verificasse.

Tal teoria, entretanto, pode conduzir a resultados absurdos dentro do direito. Tem, por isso, recebido críticas, como as de que o nascimento de uma pessoa não pode, absolutamente, ser tido como causa do acidente de que foi vítima, embora possa ser havido como condição *sine qua non* do evento; na hipótese de um homicídio, poderia fazer-se estender, segundo tal teoria, a responsabilidade pelo evento ao próprio fabricante da arma com a qual o dano se perpetrou; ou talvez se tivesse de responsabilizar, também, como partícipe do adultério, o marceneiro que fez a cama na qual se deitou o casal amoroso.

A segunda teoria, a da causalidade adequada, somente considera como causadora do dano a condição por si só apta a produzi-lo. Ocorrendo certo dano, temos de concluir que o fato que o originou era capaz de lhe dar causa. Se tal relação de causa e efeito existe sempre em casos dessa natureza, diz-se que a causa era adequada a produzir o efeito. Se existiu no caso em apreciação somente por força de uma circunstância acidental, diz-se que a causa não era adequada.

As duas teorias podem ser facilmente compreendidas com o seguinte exemplo: "A" deu uma pancada ligeira no crânio de "B", que seria insuficiente para causar o menor ferimento num indivíduo normalmente constituído, mas, por "B" ser portador de uma fraqueza particular dos ossos do crânio, isso lhe causou uma fratura de que resultou sua morte. O prejuízo deu-se, apesar de o fato ilícito praticado por "A" não ser a causa adequada a produzir aquele dano em um homem adulto. Segundo a teoria da equivalência das condições, a pancada é condição *sine qua non* do prejuízo causado, pelo qual o seu autor terá de responder. Ao contrário, não haveria responsabilidade, em face da teoria da causalidade adequada (Cardoso de Gouveia, *Da responsabilidade contratual*, n. 69). Esta última é bastante aplicada em acidentes de veículos, para definir, por exemplo, qual das condutas foi adequada a provocar o dano: se a do motorista que invadiu a preferencial, não respeitando a placa "PARE", ou se a do que transitava por esta, em velocidade excessiva.

A terceira teoria, a dos chamados danos diretos e imediatos, nada mais é que um amálgama das anteriores, uma espécie de meio-termo, mais razoável. Requer ela haja, entre a conduta e o dano, relação de causa e efeito direta e imediata. É indenizável todo dano que se filia a uma causa, desde que ela lhe seja causa necessária, por não existir outra que explique o mesmo dano. Quer a lei que o dano seja o efeito direto e imediato da inexecução. Assim, no clássico exemplo mencionado por Wilson Melo da Silva, do acidentado que, ao ser conduzido em uma ambulância para o hospital, vem a falecer em virtude de tremenda colisão da ambulância com outro veículo, responderia o autor do dano primeiro da vítima, o responsável por seu ferimento, apenas pelos prejuízos de tais ferimentos oriundos. Pelos danos da morte dessa mesma vítima em decorrência do abalroamento da ambulância, na qual era transportada ao hospital, com o outro veículo, responderia o motorista da ambulância ou o do carro abalroador, ou ambos. Mas o agente do primeiro evento não responderia por todos os danos, isto é, pelos ferimentos e pela morte (*Da responsabilidade civil automobilística*, São Paulo, Saraiva, 1980, p. 237). Segundo tal teoria, cada agente responde, assim, somente pelos danos que resultam direta e imediatamente, isto é, proximamente, de sua conduta.

Das várias teorias sobre o nexo causal, nosso Código adotou, indiscutivelmente, a do dano direto e imediato, como está expresso no art. 403. Dispõe, com efeito, o mencionado dispositivo legal: "Ainda que a inexecução resulte de dolo do devedor, as perdas e danos só incluem os prejuízos efetivos e os lucros cessantes por efeito dela direto e imediato, sem prejuízo do disposto na lei processual". Não é, portanto, indenizável o chamado "dano remoto", que seria consequência "indireta" do inadimplemento, envolvendo lucros cessantes para cuja caracterização tivessem de concorrer outros fatores. Se alguém, por exemplo, sofre um acidente automobilístico no instante em que se dirigia ao aeroporto para uma viagem de negócios, pode responsabilizar o motorista causador do dano pelos prejuízos que resultarem direta e imediatamente do sinistro, como as despesas médico-hospitalares e os estragos do veículo, bem como os lucros cessantes, referentes aos dias de serviço perdidos. Mas não poderá cobrar os danos remotos, atinentes aos eventuais lucros que poderia ter auferido, se tivesse viajado e efetuado os negócios que tinha em mente. É que esses danos, embora filiados a ato do motorista, acham-se muito distantes deste e podem ter outras causas.

36 AS EXCLUDENTES DA RESPONSABILIDADE

Há certos fatos que interferem nos acontecimentos ilícitos e rompem o nexo causal, excluindo a responsabilidade do agente. As principais excludentes da responsabilidade civil, que envolvem a negação do liame de causalidade e serão estudadas adiante, são: o estado de necessidade, a legítima defesa, a culpa da vítima, o fato de terceiro, a cláusula de não indenizar e, especialmente, o caso fortuito ou força maior.

Assim, por exemplo, se o raio provocou o incêndio que matou os passageiros transportados pelo ônibus, considera-se excluída a relação de causalidade, e o ato do agente (no caso, do transportador) não pode ser tido como causa do evento. Ou se alguém, desejando suicidar-se, atira-se sob as rodas de um veículo, seu motorista, que o dirigia de forma normal e prudente, não pode ser considerado o causador do atropelamento. Foi ele mero instrumento da vontade da vítima, esta sim a única culpada pela ocorrência.

Tem-se entendido que as concausas preexistentes não eliminam a relação causal, considerando-se como tais aquelas que já existiam quando da conduta do agente. Assim, por exemplo, as condições pessoais de saúde da vítima, embora às vezes agravem o resultado, em nada diminuem a responsabilidade do agente. Se de um atropelamento resultarem complicações por ser a vítima cardíaca ou diabética, o agente responde pelo resultado mais grave, independentemente de ter ou não conhecimento da concausa antecedente que agravou o dano. Idêntica é a situação da causa superveniente. Embora concorra também para o agravamento do resultado, em nada favorece o agente. Se, por exemplo, a vítima de um atropelamento não é socorrida em tempo e perde muito sangue, vindo a falecer, essa causa superveniente, malgrado tenha concorrido para a morte da vítima, será irrelevante em relação ao agente, porque, por si só, não produziu o resultado, mas apenas o reforçou. A causa superveniente só terá relevância quando, rompendo o nexo causal anterior, erige-se em causa direta e imediata do novo dano. A mesma consequência decorre da causa concomitante, que, por si só, acarrete o resultado. Não se culpa, por exemplo, o médico porque a paciente morreu durante o parto, vítima da ruptura de um edema, que não guarda nenhuma relação com o parto e pode ter origem congênita.

Quadro sinótico – Da relação de causalidade

1. O liame da causalidade	O dano só pode gerar responsabilidade quando seja possível estabelecer um nexo causal entre ele e seu autor. O art. 186 do CC o exige, ao empregar o verbo "causar".
2. A pesquisa do nexo causal	**a)** Teoria da equivalência das condições ou do *sine qua non*: toda e qualquer circunstância que haja concorrido para produzir o dano é considerada uma causa. Sua equivalência resulta de que, suprimida uma delas, o dano não se verificaria. **b)** Teoria da causalidade adequada: somente considera como causadora do dano a condição por si só apta a produzi-lo. Se existiu no caso em apreciação somente por força de uma circunstância acidental, diz-se que a causa não era adequada. **c)** Teoria dos danos diretos e imediatos: requer haja, entre a conduta e o dano, relação de causa e efeito direta e imediata. O agente responde pelos danos que resultam direta e imediatamente, isto é, proximamente, de sua conduta. É a adotada pelo nosso Código (art. 403).

Título IV
DO DANO E SUA LIQUIDAÇÃO

37 CONCEITO E REQUISITOS DO DANO

Dano, em sentido amplo, é a lesão de qualquer bem jurídico, patrimonial ou moral. É toda desvantagem ou diminuição que sofremos em nossos bens jurídicos (patrimônio, corpo, vida, saúde, crédito, honra, dignidade, imagem etc.). Embora possa haver responsabilidade sem culpa, não se pode falar em responsabilidade civil ou em dever de indenizar se não houve dano. Ação de indenização sem dano é pretensão sem objeto, ainda que haja violação de um dever jurídico e que tenha existido culpa e até mesmo dolo por parte do infrator. Se, por exemplo, o motorista comete várias infrações de trânsito, mas não atropela nenhuma pessoa nem colide com outro veículo, nenhuma indenização será devida, malgrado a ilicitude de sua conduta.

Esse princípio está consagrado nos arts. 402 e 403 do Código Civil. As exceções ressalvadas no primeiro dispositivo mencionado dizem respeito aos juros moratórios e à cláusula penal, conforme consta dos arts. 416 e 407. Podem ser lembradas, ainda, a multa penitencial e as arras penitenciais, que não são propriamente casos de indenização sem dano e sim de dispensa da alegação de prejuízo.

É possível distinguir, no campo dos danos, a categoria dos danos patrimoniais (ou materiais), de um lado, dos chamados danos extrapatrimoniais (ou morais), de outro. Material é o dano que afeta somente o patrimônio do ofendido. Moral é o que só ofende o devedor como ser humano, não lhe atingindo o patrimônio. A expressão "dano moral" deve ser reservada exclusivamente para designar a lesão que não produz qualquer efeito patrimonial. Se há consequências de ordem patrimonial, ainda que mediante repercussão, o dano deixa de ser extrapatrimonial.

O dano pode ser, ainda, direto e indireto (ou reflexo). Este é também denominado "dano em ricochete" e se configura quando uma pessoa sofre o reflexo de um dano causado a outrem. É o que acontece, por exemplo, quando o ex-marido, que deve à ex-mulher ou aos filhos pensão alimentícia, vem a ficar incapacitado para prestá-la, em consequência de um dano que sofreu. Nesse caso, o prejudicado tem ação contra o causador do dano, embora não seja ele diretamente o atingido, porque existe a certeza do prejuízo.

Efetivamente, nenhuma indenização será devida se o dano não for "atual" e "certo". Só é ressarcível o dano que preencher os requisitos de certeza e atualidade. Atual é o dano que já existe no momento da ação de responsabilidade. Em princípio, um dano futuro não justifica a pretensão, salvo quando se tratar de consequência de um dano presente, e o juiz tiver elementos para avaliar o prejuízo futuro (caso do dano atômico, cujas consequências futuras podem ser apreciadas). Certo é o fundado sobre um fato preciso e não sobre hipótese. É afastada a possibilidade de reparação do dano hipotético ou eventual, que poderá não se concretizar. Tanto assim que, na apuração dos lucros cessantes, não basta a simples possibilidade de realização do lucro, devendo existir uma probabilidade objetiva que resulte do curso normal das coisas, como se infere do advérbio "razoavelmente", colocado no art. 402 do Código Civil.

Alguns autores estabelecem distinções entre as expressões "ressarcimento", "reparação" e "indenização". Ressarcimento é o pagamento de todo o prejuízo material sofrido, abrangendo o dano emergente e os lucros cessantes, o principal e os acréscimos que lhe adviriam com o tempo e com o emprego da coisa. Reparação é a compensação pelo dano moral, a fim de minorar a dor sofrida pela vítima. E a indenização é reservada para a compensação do dano decorrente de ato lícito do Estado, lesivo do particular, como ocorre nas desapropriações. A Constituição Federal, contudo, usou-a como gênero, do qual o ressarcimento e a reparação são espécies, ao assegurar, no art. 5º, V e X, indenização por dano material e moral.

38 PESSOAS OBRIGADAS A REPARAR O DANO

Responsável pelo pagamento da indenização é todo aquele que, por ação ou omissão voluntária, negligência ou imprudência, haja violado direito e causado prejuízo a outrem. Na responsabilidade objetiva, é aquele que assumiu o risco do exercício de determinada atividade (risco profissional, risco criado, risco proveito etc.). A responsabilidade é, pois, em princípio, individual, como se infere do art. 942 do Código Civil.

Há casos, entretanto, conforme já vimos, em que a pessoa passa a responder não pelo ato próprio, mas pelo ato de terceiro ou pelo fato das coisas ou animais. E pode acontecer, ainda, o concurso de agentes na prática de um ato ilícito. Tal concurso se dá quando duas ou mais pessoas o praticam. Surge, então, a solidariedade dos diversos agentes, assim definida no art. 942, segunda parte, do Código Civil: "... e, se a ofensa tiver mais de um autor, todos responderão solidariamente pela reparação". Acrescenta o parágrafo único: "São solidariamente responsáveis com os autores os coautores e as pessoas designadas no art. 932". Assim, ocorre a solidariedade não só no caso de concorrer uma pluralidade de agentes, como também entre as pessoas designadas no art. 932, isto é, entre pais e filhos menores, tutores e tutelados, patrões e empregados etc.

A obrigação de reparar o dano ocasionado se estende aos sucessores do autor. É o que dispõe o art. 943 do Código Civil: "O direito de exigir reparação e a obrigação de prestá-la transmitem-se com a herança". Estatui, também, o art. 5º, XLV, da Constituição Federal: "Nenhuma pena passará da pessoa do condenado, podendo a obrigação de reparar o dano e a decretação do perdimento de bens ser, nos termos da lei, estendidas aos sucessores e contra eles executadas, até o limite do valor do patrimônio transferido". Entretanto, a responsabilidade do sucessor a título universal é limitada, pois não pode ultrapassar as forças da herança, nos termos do art. 1.792 do Código Civil e do dispositivo constitucional citado. O sucessor a título particular, quer a título gratuito, quer a título oneroso, ao contrário, não responde pelos atos ilícitos do sucedido.

39 PESSOAS QUE PODEM EXIGIR A REPARAÇÃO DO DANO

Compete à vítima da lesão pessoal ou patrimonial o direito de pleitear a indenização. Vítima ou lesado é quem sofre o prejuízo. Assim, num acidente automobilístico, é o que arca com as despesas de conserto do veículo. Não precisa ser, necessariamente, seu proprietário, pois o art. 186 do Código Civil não distingue entre o proprietário e o mero detentor. Terceiro, a quem foi emprestado o carro, pode ter providenciado os reparos e efetuado o pagamento das despesas, devolvendo-o ao proprietário em perfeito estado. Mas, por ter suportado as despesas todas, está legitimado a pleitear o ressarcimento do causador do acidente.

Igual direito têm os herdeiros da vítima, pois o art. 943 do Código Civil, retrotranscrito, proclama que o direito de exigir reparação se transmite com a herança. Ressalve-se que, em caso de morte de um chefe da família, a esposa e os filhos menores têm legitimidade para pleitear a indenização não na condição de herdeiros, mas na de vítimas, porque foram prejudicadas com a perda do esposo e pai. Nesse caso, pois, a indenização é pleiteada *iure proprio*. Mas, se o genitor era credor de indenização já reconhecida judicialmente, ou mesmo se tinha o direito de pleiteá-la e, antes disso, veio a falecer por outro motivo, o direito de exigir a reparação se transmite aos seus herdeiros.

Preceitua o art. 948, II, do Código Civil que, no caso de homicídio, a indenização consiste "na prestação de alimentos às pessoas a quem o morto os devia, levando-se em conta a duração provável da vida da vítima", isto é, às pessoas a quem a vítima teria de prestar alimentos se viva fosse. Beneficiários da pensão são apenas aqueles que tinham dependência econômica da vítima. Trata-se, pois, de indenização por dano material. Em relação ao cônjuge e aos filhos menores, tem-se decidido que a dependência econômica é presumida. No caso, porém, dos ascendentes, dos descendentes maiores e irmãos da vítima, tem-se exigido a prova da dependência econômica para que a ação de ressarcimento de danos materiais possa vingar. Não provada, o ofensor somente poderá ser condenado, eventualmente, a reparar o dano moral causado aos referidos parentes. Há casos em que se tem negado o direito à reparação do dano moral, mesmo em se tratando de morte de parentes próximos, como irmãos, mas ao fundamento de que o autor não se encontra legitimado a pleitear tal reparação porque não mantinha laços de afeição com o falecido, com o qual não se encontrava havia anos (cf. JTJ-Lex, 149:71).

Tem sido admitido, atualmente, sem discrepâncias, o direito da companheira de receber indenização, quando se trata efetivamente daquela que viveu *more uxorio* com o falecido, ou seja, quando comprovada a união estável, pela convivência duradoura, pública e contínua, estabelecida com o objetivo de constituição de família (CF, art. 226, § 3º; CC, art. 1.723). Como toda pessoa que demonstre um prejuízo, tem ela o direito de pedir sua reparação. Dispõe a antiga Súmula 35 do Supremo Tribunal Federal: "Em caso de acidente do trabalho ou de transporte, a concubina tem direito de ser indenizada pela morte do amásio, se entre eles não havia impedimento para o matrimônio". Hoje, aquela que vivia *more uxorio* não é mais chamada de concubina, e sim de companheira. E seus direitos não se limitam apenas às restritas hipóteses mencionadas na referida súmula.

A reparação do dano moral pode ser reclamada, conforme a situação, pelo próprio ofendido, bem como por seus herdeiros, por seu cônjuge ou companheira, e pelos membros de sua família a ele ligados afetivamente (nos limites da lei, quando, por expresso, definidos, como na sucessão, em que se opera até o quarto grau, pois a lei presume que não mais prospera, daí em diante, a afeição natural), podendo-se falar em danos diretos e indiretos (o ataque lesivo à mulher pode ofender o marido, por exemplo). Tem-se decidido que "é devida indenização a título de danos morais à noiva cujo nubente tenha falecido em acidente, principalmente se comprovada a seriedade do compromisso assumido pelos noivos, o vínculo afetivo que os unia e o dano efetivo como consequência direta da perda sofrida" (*RT*, 790:438). A pessoa jurídica pode sofrer dano moral (STJ, Súmula 227) e, portanto, está legitimada a pleitear sua reparação.

Controverte-se a respeito da possibilidade de crianças e amentais serem vítimas de dano moral. Alguns autores, como Maria Helena Diniz e Carlos Alberto Bittar, entendem que poderão apresentar-se, por meio de seus representantes legais, na qualidade de lesados diretos de dano moral, os menores impúberes, os loucos e os portadores de arteriosclerose, porque, apesar de carecerem de discernimento, o ressarcimento do dano não é considerado a reparação do sentimento, mas uma indenização objetiva de um bem jurídico violado. Outros, como Alfredo Orgaz (*El daño resarcible*, Buenos Aires, 1952), por exemplo, sustentam que "as crianças de pequena idade, por faltar-lhes a capacidade para experimentar dano moral, não podem ser vítimas desse ilícito", justificando que, "sendo o dano embasado nos resultados ou consequências da ação lesiva, aqueles que carecem de discernimento não podem sentir a ofensa e, por isso, não padecem do dano moral. De sorte que, pela natureza objetiva do dano moral, somente quem se encontre em condições de experimentá-lo, sentindo-o, é que padece do dano; mas isso não seria possível nem nas crianças de pequena idade, nem nos débeis mentais".

Parece-nos que não se pode admitir, ou deixar de admitir, de forma irrestrita e absoluta, que tais pessoas sejam vítimas de dano moral. É necessário examinar cada caso, especialmente quando se trata de vítima menor, pois cada uma sente a ofensa, e reage, a seu modo. Malgrado a criança de tenra idade e o deficiente mental não possam sentir e entender o significado de um xingamento, de uma injúria ou de outra espécie equivalente de ofensa moral, evidentemente experimentarão grande transtorno, constrangimento e incômodo se, em virtude de algum acidente ou ato praticado pelo causador do dano, ficarem aleijados ou deformados por toda a vida, obrigados, por exemplo, a usar cadeira de rodas, ou se perderem o sentido da visão. A ausência da mãe ou do pai pode, perfeitamente, ser lamentada pelas crianças, mesmo de pouca idade, e pelos amentais, dotados muitas vezes de grande afetividade, malgrado não tenham discernimento suficiente para perceber o significado e o alcance de uma ofensa verbal. Faz-se mister examinar, portanto, em cada hipótese, não só as características pessoais da vítima, mas também a espécie de lesão.

40 DANO MATERIAL

40.1. DANO EMERGENTE E LUCRO CESSANTE

Indenizar significa reparar o dano causado à vítima, integralmente. Se possível, restaurando o *statu quo ante*, isto é, devolvendo-a ao estado em que se encontrava antes da ocorrência do ato ilícito. Todavia, como na maioria dos casos se torna impossível tal desiderato, busca-se uma compensação, na forma do pagamento de uma indenização monetária. Desse modo, sendo impossível devolver a vida à vítima de um crime de homicídio, a lei procura remediar a situação, impondo ao homicida a obrigação de pagar uma pensão mensal às pessoas a quem o defunto sustentava, além das despesas de tratamento da vítima, seu funeral e luto da família (CC, art. 948).

O critério para o ressarcimento do dano material encontra-se no art. 402 do Código Civil, que assim dispõe: "Salvo as exceções expressamente previstas em lei, as perdas e danos devidas ao credor abrangem, além do que ele efetivamente perdeu, o que razoavelmente deixou de lucrar". Compreendem, pois, o dano emergente e o lucro cessante. Devem cobrir todo o dano experimentado pela vítima. Dano emergente é o efetivo prejuízo, a diminuição patrimonial sofrida pela vítima. É, por exemplo, o que o dono do veículo danificado por outrem desembolsa para consertá-lo. Representa, pois, a diferença entre o patrimônio que a vítima tinha antes do ato ilícito e o que passou a ter depois. Lucro cessante é a frustração da expectativa de lucro. É a perda de um ganho esperado. Assim, por exemplo, se um ônibus é abalroado culposamente, deve o causador do dano pagar todos os prejuízos efetivamente sofridos pelo proprietário, incluindo-se as despesas com os reparos do veículo (dano emergente), bem como o que deixou de ganhar no período em que o veículo permaneceu na oficina.

A prova do dano emergente é bastante simples, porque pode ser feita mediante a juntada de notas fiscais, orçamentos, recibos de pagamento etc. A dos lucros cessantes apresenta maior dificuldade. Malgrado constitua o reflexo futuro do ato ilícito sobre o patrimônio da vítima, é apurado, em regra, com base em fatos pretéritos, isto é, naquilo que vinha ocorrendo anteriormente, não se confundindo com o dano meramente hipotético. Assim, no exemplo retrocitado do ônibus abalroado culposamente, apura-se o lucro cessante mediante perícia ou demonstrativo contábil do lucro que o referido veículo proporcionou à empresa, em média, nos últimos meses. Nesse caso, é razoável supor que lhe proporcionaria o mesmo lucro, no mês em que permaneceu em reparos na oficina.

Para a caracterização dos lucros cessantes não basta a simples possibilidade de realização do lucro, mas também não é indispensável a absoluta certeza de que este se teria verificado sem a interferência do evento danoso. O que deve existir é uma probabilidade objetiva que resulte do curso normal das coisas e das circunstâncias especiais do caso concreto. A propósito, proclamou o Superior Tribunal de Justiça: "A expressão 'o que razoavelmente deixou de lucrar', constante do art. 1.059 do Código Civil (de 1916, correspondente ao art. 402 do CC/2002), deve ser interpretada no sentido de que, até prova em contrário, se admite que o credor haveria de lucrar aquilo que o bom senso diz que lucraria, existindo a presunção de que os fatos se desenrolariam dentro do seu curso normal, tendo em vista os antecedentes. O simples fato de uma empresa rodoviária possuir frota de reserva não lhe tira o direito aos lucros cessantes, quando um dos veículos sair de circulação por culpa de outrem, pois não se exige que os lucros cessantes sejam certos, bastando que, nas circunstâncias, sejam razoáveis ou potenciais" (REsp 61.512-SP, rel. Min. Sálvio de Figueiredo, DJU, 1º dez. 1997, n. 232, p. 62757).

40.2. A INFLUÊNCIA DE OUTROS ELEMENTOS

40.2.1. A CORREÇÃO MONETÁRIA

A alteração da situação de fato pode, em alguns casos, produzir efeitos na situação jurídica decorrente do direito a indenização. Nesse aspecto, releva saber, por exemplo, se os valores que a integram devem ser atualizados monetariamente; se são devidos juros; se o prejuízo deve ser estimado tomando-se por base o dia em que ele se deu ou o momento do ressarcimento.

Não há dúvida que, nas indenizações por ato ilícito, as verbas devem ser corrigidas monetariamente. Deve ser tomado por base, para a estimativa do prejuízo, o dia em que ele se deu. Em seguida, procede-se à correção monetária. Preceitua, com efeito, o art. 389 do Código Civil que, não cumprida a obrigação, responde o devedor por perdas e danos, mais juros "e atualização monetária segundo índices oficiais regularmente estabelecidos, e honorários de advogado". Também o art. 395 dispõe que o devedor responde pelos prejuízos a que sua mora der causa, mais juros, "atualização dos valores monetários segundo índices oficiais regularmente estabelecidos, e honorários de advogado". Nas obrigações "provenientes de ato ilícito, considera-se o devedor em mora, desde que o praticou" (art. 398).

Malgrado disponha a Lei n. 6.899/81 que a correção monetária incide a partir do ajuizamento da ação, o Supremo Tribunal Federal, contudo, assentou, na vigência do Código Civil de 1916, que tal critério não se aplicava às dívidas de valor, prevalecendo, assim, a anterior construção jurisprudencial sobre a matéria, que mandava contar a correção monetária a partir da data do evento. O Superior Tribunal de Justiça manteve esse entendimento, na Súmula 43, que diz: "Incide correção monetária sobre dívida por ato ilícito a partir da data do efetivo prejuízo". Tem sido admitida, mesmo não pleiteada na inicial, por constituir um componente indestacável do prejuízo a reparar, não representando nenhum acréscimo, mas apenas a recomposição do *quantum* que a desvalorização da moeda principiou a erodir.

Hoje, todas essas questões encontram-se superadas, ante a expressa previsão do art. 389 do Código Civil de que o valor das perdas e danos deve ser atualizado monetariamente, desde o momento em que se configurou a mora do devedor (art. 395), ou, em se tratando de obrigações provenientes de ato ilícito, desde que o praticou (art. 398). No entanto, quando o lesado efetua o pagamento das despesas que o ato ilícito lhe acarretou, a atualização monetária deve ser calculada a partir do desembolso. Assim, o termo inicial da correção monetária na ação regressiva proposta por seguradora contra o causador do dano é o da data do desembolso (*JTACSP-RT*, 107:177). Outras vezes, o lesado propõe ação de reparação de danos alicerçado em orçamentos fornecidos por empresas presumidamente idôneas. Nesses casos, o *dies a quo* da incidência da correção monetária é a data do orçamento acolhido pelo juiz, elaborado, naturalmente, com base nos preços vigentes em referida data (*JTACSP-RT*, 109:76). Se o cálculo da indenização foi feito com suporte em algum laudo técnico, a correção monetária incidirá a partir da data de sua elaboração e não do ajuizamento da ação (*JTACSP-RT*, 109:216).

A Súmula 490 do Supremo Tribunal Federal prescreve: "A pensão, correspondente a indenização oriunda da responsabilidade civil, deve ser calculada com base no salário mínimo vigente ao tempo da sentença e ajustar-se às variações ulteriores". Neste exemplo, não se aplica a correção monetária, porque a pensão estará automaticamente reajustada sempre que o salário mínimo for corrigido. Entende referido Tribunal que tal súmula não viola o art. 7º, IV, da Carta Magna, pois a fixação da pensão com base no salário mínimo é utilizada "como parâmetro para o fim de assegurar ao beneficiário as mesmas garantias que o texto constitucional concede ao trabalhador e à sua família, presumivelmente capazes de atender às necessidades vitais básicas como alimentação, moradia, saúde, vestuário, educação, higiene, transporte, lazer e previdência social. Sendo assim, nenhum outro padrão seria mais adequado à estipulação da pensão" (RE 170.203-GO, 1ª T., rel. Min. Néri da Silveira, *DJU*, 31 mar. 1997, n. 60, p. 581). Tal orientação foi acolhida pela Lei n. 11.232/2005, que acrescentou ao Código de Processo Civil de 1973 o art. 475-Q (atual art. 533), que dispunha em seu § 4º: "Os alimentos podem ser fixados tomando por base o salário mínimo".

Entretanto, o mesmo Tribunal, em hipótese não atinente a indenização sob a forma de pensão mensal, que é fixada com base nos rendimentos da vítima, mas a dano moral, decidiu que o dispositivo constitucional supramencionado veda que o valor do salário mínimo, a que a indenização do dano moral esteja vinculada, atue como fator de atualização desta (RE 225.488-1-PR, 1ª T., rel. Min. Moreira Alves, *DJU*, 16 jun. 2000). Desse modo, se o magistrado utilizar o salário mínimo como critério para o arbitramento do dano moral, deve converter o *quantum* em reais, na sentença, para que, sobre o valor convertido, recaia a correção monetária legal (cf. *JTJ-Lex*, 225:139).

40.2.2. A INCIDÊNCIA DOS JUROS

Para que a reparação do dano seja completa, a indenização deve ser acrescida de juros. Estes podem ser simples, ou ordinários, e compostos. Os primeiros são sempre calculados sobre o capital inicial; os segundos são capitalizados ano a ano, isto é, constituem juros sobre juros.

O Código Civil não reproduziu a regra do art. 1.544 do diploma de 1916, que determinava o cômputo de juros compostos quando o fato, além de ilícito civil, era também crime. Desse modo, a sentença que julgar procedente a ação determinará que os juros devidos sejam pagos desde o dia em que o ato ilícito foi praticado (CC, art. 398). Esses juros são, em qualquer caso (de mero ilícito civil ou também de crime), os legais, conforme o art. 406, que assim dispõe: "Quando os juros moratórios não forem convencionados, ou o forem sem taxa estipulada, ou quando provierem de determinação da lei, serão fixados segundo a taxa que estiver em vigor para a mora do pagamento de impostos devidos à Fazenda Nacional".

Nos casos, porém, de inadimplemento contratual, contam-se os juros da mora "desde a citação inicial" (CC, art. 405). Tal regra não se aplica à liquidação das obrigações resultantes de atos ilícitos, porque para estas existe norma específica: o art. 398. É de frisar que o ato ilícito situa-se fora da responsabilidade contratual, portanto na esfera da responsabilidade extracontratual, ficando circunscrito ao campo da culpa aquiliana. Assim, em casos de responsabilidade contratual do transportador, que assume o dever de conduzir incólume o viajante ou aderente ao local de destino, computam-se os juros a partir da data da citação e não a partir da data do evento danoso, como já decidiu o Superior Tribunal de Justiça (REsp 1.762-SP, 4ª T., rel. Min. Barros Monteiro, *DJU*, 25 jun. 1990, p. 6040).

Por outro lado, prescreve a Súmula 54 do referido Tribunal: "Os juros moratórios fluem a partir do evento danoso, em caso de responsabilidade extracontratual". Assim, se o ônibus, por exemplo, atropela o transeunte (responsabilidade extracontratual), os juros incidem sobre o valor da indenização a partir do evento. No entanto, se a vítima é passageira do coletivo (responsabilidade contratual), os juros são computados somente a partir da citação.

40.2.3. O CÁLCULO DA VERBA HONORÁRIA

Julgada procedente a ação, o réu será condenado também ao pagamento de honorários advocatícios, estes fixados em porcentagem sobre o valor da condenação, nos termos dos arts. 82, § 2º, e 85, § 17, do Código de Processo Civil. Quando, no entanto, a condenação incluir prestação de alimentos, sob a forma de pensão mensal, a verba honorária será calculada sobre a soma das prestações vencidas, mais doze das vincendas (*RTJ*, 116:822; *RT*, 607:56), aplicando-se o disposto no art. 292, §§ 1º e 2º, do Código de Processo Civil.

Entretanto, nas ações de indenização por ato ilícito contra pessoa, aplica-se o art. 85, § 9º, do Código de Processo Civil, que prescreve: "Na ação de indenização por ato ilícito contra pessoa, o percentual de honorários incidirá sobre a soma das prestações vencidas acrescida de 12 (doze) prestações vincendas". Mencionado parágrafo não se aplica, contudo, às hipóteses de responsabilidade objetiva e de culpa contratual (*RTJ*, 111:1251; *RT*, 550:222), nem à ação de indenização por acidente de trabalho, com base no direito comum (*RTJ*, 115:741). Se a ação é julgada improcedente, a verba honorária é fixada, usualmente, em porcentagem sobre o valor da causa. "Arbitrados os honorários advocatícios em percentual sobre o valor da causa, a correção monetária incide a partir do respectivo ajuizamento" (STJ, Súmula 14).

40.2.4. CUMULAÇÃO DA PENSÃO INDENIZATÓRIA COM A DE NATUREZA PREVIDENCIÁRIA

O entendimento generalizado na doutrina é o de que a indenização de natureza previdenciária, paga em geral também sob a forma de pensão mensal, não mantém com o fato determinador do prejuízo qualquer relação de causalidade, senão apenas de "ocasião". Seria paga mesmo que o contribuinte tivesse falecido de morte natural. Por essa razão, não se deduzem da indenização por ato ilícito, exigida pelo direito comum, as quantias recebidas pela vítima, ou seus beneficiários, dos institutos previdenciários ou assistenciais, que se cumulam.

Na jurisprudência, esse entendimento tem também prevalecido. Confira-se: "Pensão alimentícia e benefício previdenciário. Cumulação possível, porque pagos sob títulos e pressupostos diferentes. A obrigação de indenizar, pelos autores de ato ilícito, não se elide pelos benefícios de ordem previdenciária. A cumulação de pensões alimentícias nessa hipótese é hoje pacificamente admitida pela jurisprudência, porquanto não é justo e nem lícito que os responsáveis pelo ato ilícito aufiram vantagens em razão de auxílios aos dependentes das vítimas sob outro título, de natureza previdenciária" (RT, 559:81). A percepção de pensão previdenciária não pode, assim, ser alegada como compensação do *quantum* devido a título reparatório pelo causador do evento (RT, 747:330; STJ, REsp 61.303-0-MG, 3ª T., rel. Min. Nilson Naves, j. 21-2-2000).

A jurisprudência tem, entretanto, adotado critério diverso, no tocante ao seguro obrigatório, porque o prêmio é pago pelo dono do veículo com a finalidade de reparar danos físicos de terceiros, no caso de acidentes de trânsito, de acordo com a única finalidade de tal seguro. As verbas recebidas pela vítima a esse título devem ser descontadas da indenização (RTJ, 93:801). Proclama, com efeito, a Súmula 246 do Superior Tribunal de Justiça: "O valor do seguro obrigatório deve ser deduzido da indenização judicialmente fixada". O mesmo acontece com as despesas com o funeral, pois, embora pagas pelo instituto em virtude de contribuições previdenciárias das vítimas, os beneficiários não podem receber duas vezes parcela destinada ao mesmo fim, salvo se demonstrarem sua insuficiência (*RT*, 566:132).

40.3. A GARANTIA DO PAGAMENTO FUTURO DAS PRESTAÇÕES MENSAIS

Como ninguém pode garantir que o devedor solvente de hoje não estará insolvente no futuro, dispõe o art. 533 do Código de Processo Civil: "Quando a indenização por ato ilícito incluir prestação de alimentos, caberá ao executado, a requerimento do exequente, constituir capital cuja renda assegure o pagamento do valor mensal da pensão" (*caput*). Este capital, "representado por imóveis ou por direitos reais sobre imóveis suscetíveis de alienação, títulos da dívida pública ou aplicações financeiras em banco oficial, será inalienável e impenhorável enquanto durar a obrigação do executado, além de constituir-se em patrimônio de afetação" (§ 1º). O juiz "poderá substituir a constituição do capital pela inclusão do exequente em folha de pagamento de pessoa jurídica de notória capacidade econômica ou, a requerimento do executado, por fiança bancária ou garantia real, em valor a ser arbitrado de imediato pelo juiz" (§ 2º). Se sobrevier modificação nas condições econômicas, "poderá a parte requerer, conforme as circunstâncias, redução ou aumento da prestação" (§ 3º). A "prestação alimentícia poderá ser fixada tomando por base o salário mínimo" (§ 4º). Finda "a obrigação de prestar alimentos, o juiz mandará liberar o capital, cessar o desconto em folha ou cancelar as garantias prestadas" (§ 5º).

O dispositivo legal em epígrafe refere-se exclusivamente à prestação de alimentos incluída na indenização por ato ilícito, restrita às hipóteses de homicídio (CC, art. 948) e de lesões corporais que acarretem redução ou incapacidade para o trabalho (CC, art. 950), não compreendendo os alimentos devidos em razão do parentesco ou resultantes do direito de família.

Enquanto estiver pagando em dia as prestações, a renda desse capital continuará a pertencer ao devedor. Tornando-se inadimplente, referida renda será transferida ao beneficiário da pensão. A jurisprudência entende como mais viável o depósito bancário, em caderneta de poupança, de certa quantia, a render juros e correção monetária, bloqueadas as retiradas, salvo as pensões do credor, sendo de bom alvitre seja depositado um *quantum* capaz de ensejar razoável margem de segurança, e cujas retiradas não o consumam.

40.4. PRISÃO CIVIL DO DEVEDOR

Não se pode decretar a prisão civil do devedor que frustra o pagamento das pensões mensais. Como "meio coercitivo para o adimplemento da obrigação alimentar, é cabível apenas no caso dos alimentos previstos nos arts. 231, III, e 396 *et seq*. do CC (de 1916, correspondentes, respectivamente, aos arts. 1.566, III, e 1.694 do atual diploma), que constituem relação de direito de família; inadmissível, assim, a sua cominação determinada por falta de pagamento de prestação alimentícia decorrente de ação de responsabilidade *ex delicto*" (Yussef Said Cahali, *Dos alimentos*, 3. ed., São Paulo, Revista dos Tribunais, p. 1052, n. 13.1). Assim, o preceito constitucional que excepcionalmente permite a prisão civil por dívida, nas hipóteses de prisão alimentar, é de ser restritivamente interpretado, não tendo aplicação analógica às hipóteses de prestação alimentar derivada de ato ilícito (cf. *RT*, 646:124), pois o fato gerador da responsabilidade de indenizar sob a forma de pensão alimentícia é a prática de um ato ilícito, não a necessidade de alimentos.

A propósito, observa Pontes de Miranda que a expressão "alimentos", no art. 1.537, II, do Código Civil (de 1916, correspondente ao art. 948, II, do atual), de modo nenhum se refere às dívidas de alimentos elencadas no direito de família. "Alimentos são, aí, apenas o elemento que se há de ter em conta para o cálculo da indenização. Donde a morte do filho menor dar direito à indenização aos pais... Alimentos (no sentido de indenização) são devidos mesmo se o legitimado ativo não poderia, então, mover ação de alimentos por ter meios para a própria manutenção" (*Tratado de direito privado*, 4. ed., Borsoi, 1974, v. 54, p. 285, § 5.573, n. 1). Trata-se, em suma, de indenização a título de alimentos e não de alimentos propriamente ditos.

40.5. ATUALIZAÇÃO E REVISÃO DAS PENSÕES

O § 3º do mencionado art. 533 (v. n. 40.3, *retro*) do Código de Processo Civil dispõe: "Se sobrevier modificação nas condições econômicas, poderá a parte requerer, conforme as circunstâncias, redução ou aumento da prestação". A pensão, correspondente à indenização, deve ser fixada em escala móvel, representada pelo salário mínimo (§ 4º), de modo a acompanhar as variações da moeda. Assim, estará sempre atualizada e protegida contra a corrosão do valor monetário (v. n. 40.2.1, *retro*). Optou o legislador, desse modo, por admitir expressamente que a "prestação" alimentícia decorrente da prática de um ato ilícito pode, independentemente da situação do encargo, sofrer redução ou aumento, se sobrevier modificação nas condições econômicas das partes.

Entendemos, no entanto, inaplicável a revisão em caso de homicídio, requerida pelos dependentes do falecido. É que não se pode confundir a pensão decorrente de ato ilícito, que é indenização, com a obrigação de pagar alimentos aos parentes ou ao cônjuge ou companheiro necessitados. A primeira tem natureza reparatória de danos. A segunda tem por pressuposto a necessidade de referidas pessoas e a possibilidade do prestante. Como já se salientou, a primeira é indenização a título de alimentos e não de alimentos propriamente ditos. Para sua fixação, não se levam em conta as necessidades das vítimas. O fato gerador da indenização é o ato ilícito, não a necessidade de alimentos. Entender de modo contrário levaria à absurda consequência de que, se a vítima é pessoa de abastados recursos, nenhuma indenização deverá ser paga pelo ofensor, precisamente porque a família daquela não precisa de alimentos para sua subsistência. Assim, a indenização é fixada sob a forma de pensão, com base nos rendimentos que o falecido percebia ao sucumbir. Eventual ação revisional dessa pensão seria baseada em situação meramente hipotética e, portanto, inaceitável, qual seja, a de que o falecido, se estivesse vivo, poderia ter alcançado melhor situação financeira e, assim, ajudar mais os seus familiares e dependentes.

Somente a alteração da condição econômica dos réus pode levar a uma revisão do valor da pensão, como já decidiu o Superior Tribunal de Justiça (3ª T., *Revista Consultor Jurídico* de 6-12-2007).

O que, no entanto, pode-se admitir é a revisão da pensão em caso de lesão corporal que acarretou a redução da capacidade de trabalho, verificando-se posteriormente que houve agravamento das lesões, provocando incapacidade total para o trabalho, ou, ao contrário, que a vítima recuperou, total ou parcialmente, referida capacidade. A ação revisional, nesse caso, fundar-se-á no art. 505, I, do Código de Processo Civil, que dispõe: "Nenhum juiz decidirá novamente as questões já decididas, relativas à mesma lide, salvo: I – se, tratando-se de relação jurídica de trato continuada, sobreveio modificação no estado de fato ou de direito, caso em que poderá a parte pedir a revisão do que foi estatuído na sentença".

Tal dispositivo veio espancar as dúvidas daqueles que se apegam à irretratabilidade da coisa julgada, ao preceituar que o interessado poderá pedir a revisão da sentença desde que se trate de relação jurídica continuada e tenha havido modificação no estado de fato ou de direito. Tem-se decidido, em consequência: "Acidente de trânsito. Pretensão à ampliação da condenação pela superveniência de incapacidade total. Art. 471, I, do CPC [de 1973, atual art. 505, I]. Admissibilidade. Inexistência de ofensa à coisa julgada" (*JTACSP-RT*, 111:222).

41 DANO MORAL

41.1. CONCEITO

Dano moral é o que atinge o ofendido como pessoa, não lesando seu patrimônio. É lesão de bem que integra os direitos da personalidade, como a honra, a dignidade, a intimidade, a imagem, o bom nome etc., como se infere dos arts. 1º, III, e 5º, V e X, da Constituição Federal, e que acarreta ao lesado dor, sofrimento, tristeza, vexame e humilhação.

Muitas foram as objeções que se levantaram contra a reparação do dano puramente moral. Argumentava-se, principalmente, que seria imoral procurar dar valor monetário à dor, ou que seria impossível determinar o número de pessoas atingidas (pais, irmãos, noivas etc.), bem como mensurar a dor. Mas todas essas objeções acabaram rechaçadas na doutrina e na jurisprudência. Tem-se entendido, hoje, que a indenização por dano moral não representa a medida nem o preço da dor, mas uma compensação, ainda que pequena, pela tristeza e dor infligidas injustamente a outrem. E que todas as demais dificuldades apontadas ou são probatórias ou são as mesmas existentes para apuração do dano material.

Tem-se tornado tormentosa na jurisprudência, por falta de critérios objetivos, a tarefa de traçar os contornos, os limites e a extensão do dano moral, para saber quais fatos configuram ou não o dano moral. Para evitar excessos e abusos, recomenda Sérgio Cavalieri, com razão, que só se deve reputar como dano moral "a dor, vexame, sofrimento ou humilhação que, fugindo à normalidade, interfira intensamente no comportamento psicológico do indivíduo, causando-lhe aflições, angústia e desequilíbrio em seu bem-estar. Mero dissabor, aborrecimento, mágoa, irritação ou sensibilidade exacerbada estão fora da órbita do dano moral, porquanto, além de fazerem parte da normalidade do nosso dia a dia, no trabalho, no trânsito, entre os amigos e até no ambiente familiar, tais situações não são intensas e duradouras, a ponto de romper o equilíbrio psicológico do indivíduo" (*Programa de responsabilidade civil*, 2. ed., São Paulo, Malheiros Ed., p. 78).

Nessa linha, decidiu o Tribunal de Justiça de São Paulo: "Dano moral. Banco. Pessoa presa em porta detectora de metais. Hipótese de mero aborrecimento que faz parte do quotidiano de qualquer cidadão de uma cidade grande. Ação improcedente" (Ap. 101.697-4-SP, 1ª Câm., j. 25-7-2000). Do mesmo modo, não se incluem na esfera do dano moral certas situações que, embora desagradáveis, mostram-se necessárias ao desempenho de determinadas atividades, como, por exemplo, o exame de malas e bagagens de passageiros na alfândega.

O dano moral (salvo casos especiais, como o de inadimplemento contratual, por exemplo, em que se faz mister a prova da perturbação da esfera anímica do lesado) dispensa prova em concreto, pois se passa no interior da personalidade e existe *in re ipsa*. Trata-se de presunção absoluta. Desse modo, não precisa a mãe comprovar que sentiu a morte do filho; ou o agravado em sua honra demonstrar em juízo que sentiu a lesão; ou o autor provar que ficou vexado com a não inserção de seu nome no uso público da obra, e assim por diante.

41.2. O DANO MORAL E A CONSTITUIÇÃO FEDERAL

O Código Civil de 1916 previa algumas hipóteses de reparação do dano moral: quando a lesão corporal acarreta aleijão ou deformidade, ou quando atinge mulher solteira ou viúva ainda capaz de casar (art. 1.538); quando ocorre ofensa à honra da mulher por defloramento, sedução, promessa de casamento ou rapto (art. 1.548); ofensa à liberdade pessoal (art. 1.550); calúnia, difamação ou injúria (art. 1.547). Mas, em quase todos esses casos, o valor era prefixado e calculado com base na multa criminal prevista para a hipótese. Nos casos não previstos nesse capítulo, referente aos arts. 1.537 a 1.553 do aludido diploma, a indenização, tanto do dano material como do dano moral, seria fixada por arbitramento, como preceituava o referido art. 1.553.

Os adeptos da reparabilidade do dano moral com base no Código Civil de 1916 vislumbravam, mesmo antes da Constituição Federal de 1988, suporte legal na regra do art. 76 e seu parágrafo único, pois, segundo esse dispositivo, para propor ou contestar uma ação era suficiente um interesse moral, entendendo-se como tal o que tocava diretamente ao autor ou a sua família. Ponderava-se, igualmente, que o art. 159 do referido diploma obrigava à reparação do dano, sem fazer nenhuma distinção entre dano material e dano moral. Significava dizer que abrangia tanto o dano patrimonial como o extrapatrimonial.

Coube, no entanto, à Constituição Federal pôr uma pá de cal na resistência à reparação do dano moral, ao dispor, no título "Dos direitos e garantias fundamentais" (art. 5º), que "é assegurado o direito de resposta, proporcional ao agravo, além da indenização por dano material, moral ou à imagem" (n. V), declarando ainda "invioláveis a intimidade, a vida privada, a honra e a imagem das pessoas, assegurado o direito à indenização pelo dano material ou moral decorrente de sua violação" (n. X). Hoje, admite-se, sem discrepância, a propositura de ação com pedido cumulativo de indenização do dano material e do dano moral. Dispõe, com efeito, a Súmula 37 do Superior Tribunal de Justiça: "São cumuláveis as indenizações por dano material e dano moral oriundos do mesmo fato".

Malgrado os direitos da personalidade, em si, sejam personalíssimos (direito à honra, à imagem etc.) e, portanto, intransmissíveis, a pretensão ou direito de exigir sua reparação pecuniária, em caso de ofensa, transmite-se aos sucessores, nos termos do art. 943 do Código Civil. Nesse sentido já decidiu o Superior Tribunal de Justiça: "O direito de ação por dano moral é de natureza patrimonial e, como tal, transmite-se aos sucessores da vítima" (RSTJ, 71:183). E, embora também sejam imprescritíveis (a honra e outros direitos da personalidade nunca prescrevem – melhor seria falar em decadência), a pretensão a sua reparação está sujeita aos prazos prescricionais estabelecidos em lei.

Vem prevalecendo, também, entendimento que admite a reparabilidade do dano moral infligido a pessoa jurídica, especialmente no caso de danos resultantes de abalo de credibilidade. Embora não seja titular de honra subjetiva, que se caracteriza pela dignidade, decoro e autoestima, exclusiva do ser humano, a pessoa jurídica é detentora de honra objetiva, fazendo jus à indenização por dano moral sempre que seu bom nome, reputação ou imagem forem atingidos no meio comercial por algum ato ilícito, como o protesto indevido de duplicatas, por exemplo. Nesse sentido, proclama a Súmula 227 do Superior Tribunal de Justiça: "A pessoa jurídica pode sofrer dano moral".

O autor da ação de reparação de dano moral deve dar valor certo à causa, não podendo deixar a critério do juiz sua fixação, sob pena de emenda ou indeferimento da inicial. A jurisprudência a esse respeito não era, todavia, unânime, visto que o Superior Tribunal de Justiça admitia o chamado "pedido genérico". O Código de Processo Civil de 2015, porém, posicionou-se a respeito dessa questão, dispondo, expressamente, no art. 292, V, que o "valor da causa constará da petição inicial ou da reconvenção e será, na ação indenizatória, inclusive a fundada em dano moral, o valor pretendido".

Alguns julgados têm acolhido a pretensão de filhos que se dizem abandonados ou rejeitados pelos pais, sofrendo transtornos psíquicos em razão da falta de carinho e de afeto na infância e na juventude, ao fundamento de que não basta pagar a pensão alimentícia e fornecer os meios de subsistência dos dependentes. O Superior Tribunal de Justiça, todavia, decidiu não haver como reconhecer o abandono afetivo como passível de indenização por dano moral, afirmando que a lei prevê, como punição, apenas a perda do poder familiar e, por maior que seja o sofrimento do filho, o direito de família tem princípios próprios, que não podem ser contaminados por outros, com significações de ordem patrimonial (REsp 959.411-MG, 4ª T., rel. Min. Fernando Gonçalves, j. 29-11-2005).

A jurisprudência consolidou-se no sentido de que abandono afetivo, por si só, não constitui fundamento para ação indenizatória por dano moral. Eventual pretensão, de caráter econômico, deve fundar-se na prática de ilícito civil, consistente na infração ao dever constitucional de cuidar dos filhos. Necessária se mostra, então, a comprovação dos requisitos da responsabilidade civil subjetiva decorrente da prática de ato ilícito, quais sejam ação ou omissão, culpa, relação de causalidade e dano. A 4ª Turma do Superior Tribunal de Justiça firmou entendimento de que o *prazo prescricional* das ações de indenização por abandono afetivo começa a fluir quando o interessado atinge a maioridade e se extingue, assim, o poder familiar (rel. Min. Luis Felipe Salomão, disponível em www.conjur.com.br, acesso em 26-9-2012). Destarte, a prescrição nesse caso ocorre três anos após a maioridade do filho, conforme dispõe o art. 206, § 3º, V, do Código Civil.

41.3. A QUANTIFICAÇÃO DO DANO MORAL. O MÉTODO BIFÁSICO

O problema da quantificação do dano moral tem preocupado o mundo jurídico, em virtude da proliferação de demandas, sem que existam parâmetros seguros para sua estimação. Enquanto o ressarcimento do dano material procura colocar a vítima no estado anterior, recompondo o patrimônio afetado mediante a aplicação da fórmula "danos emergentes-lucros cessantes", a reparação do dano moral objetiva apenas uma compensação, um consolo, sem mensurar a dor. Em todas as demandas que envolvem danos morais, o juiz defronta-se com o mesmo problema: a perplexidade ante a inexistência de critérios uniformes e definidos para arbitrar um valor adequado.

O Código Civil refere-se ao dano moral unicamente no art. 186, ao prescrever que comete ato ilícito aquele que, "por ação ou omissão voluntária, negligência ou imprudência, violar direito e causar dano a outrem, ainda que exclusivamente moral". A conceituação do dano moral, bem como a fixação de critérios para sua quantificação, permanece, pois, a cargo da doutrina e da jurisprudência.

Não tem aplicação, em nosso país, o critério da tarifação, pelo qual o *quantum* das indenizações é prefixado. O inconveniente desse critério é que, conhecendo antecipadamente o valor a ser pago, as pessoas podem avaliar as consequências da prática do ato ilícito e as confrontar com as vantagens que, em contrapartida, poderão obter, como no caso do dano à imagem, e concluir que vale a pena, na hipótese, infringir a lei. Predomina entre nós o critério do arbitramento pelo juiz, a teor do que dispunha o art. 1.553 do Código Civil de

1916. O diploma de 2002 manteve a fórmula ao determinar, no art. 946, que se apurem as perdas e danos na forma que a lei processual determinar. O Código de Processo Civil (art. 509) prevê a liquidação pelo procedimento comum e por arbitramento, sendo esta a forma mais adequada para a quantificação do dano moral. A crítica que se faz a esse sistema é que não há defesa eficaz contra uma estimativa que a lei submeta apenas ao critério livremente escolhido pelo juiz, porque, exorbitante ou ínfima, qualquer que seja ela, estará sempre em consonância com a lei, não ensejando a criação de padrões que possibilitem o efetivo controle de sua justiça ou injustiça.

Há controvérsias a respeito da natureza jurídica da reparação do dano moral. Tem prevalecido o entendimento dos que vislumbram, na hipótese, duplo caráter: compensatório para a vítima e punitivo para o ofensor. Ao mesmo tempo em que serve de lenitivo, de consolo, de uma espécie de compensação para atenuar o sofrimento havido, atua como sanção ao lesante, como fator de desestímulo, a fim de que não volte a praticar atos lesivos à personalidade de outrem.

É de salientar que o ressarcimento do dano material ou patrimonial tem, igualmente, natureza sancionatória indireta, servindo para desestimular o ofensor à repetição do ato, sabendo que terá de responder pelos prejuízos que causar a terceiros. O caráter punitivo é meramente reflexo, ou indireto: o autor do dano sofrerá um desfalque patrimonial que poderá desestimular a reiteração da conduta lesiva. Mas a finalidade precípua do ressarcimento dos danos não é punir o responsável, e sim recompor o patrimônio do lesado, visto que o direito moderno sublimou aquele caráter aflitivo da obrigação de reparar os danos causados a terceiro, sob a forma de sanção legal, que já não mais se confunde com o rigoroso caráter de pena contra o delito ou contra a injúria, que lhe emprestava o antigo direito. A finalidade precípua da reparação do dano moral, por outro lado, é proporcionar uma compensação à vítima. O caráter sancionatório permanece ínsito na condenação, pois acarreta a redução do patrimônio do lesante.

Não se justifica, pois, como pretendem alguns, que o julgador, depois de arbitrar o montante suficiente para compensar o dano moral sofrido pela vítima (e que, indireta e automaticamente, atuará como fator de desestímulo ao ofensor), adicione-lhe um *plus* a título de pena civil, inspirando-se nas *punitive damages* do direito norte-americano. É preciso considerar as diferenças decorrentes das condições econômicas e das raízes históricas entre nosso país e os Estados Unidos, da América do Norte, lembrando que já se foi o tempo em que as sanções civis e penais se confundiam. A crítica que se tem feito a esse critério é a de que ele pode conduzir ao arbitramento de indenizações milionárias, além de não encontrar amparo no sistema jurídico nacional, para o qual não há pena sem lei anterior que a defina, inclusive na área cível, pois do contrário ficaria a critério de cada um fixar a que bem entendesse. Ademais, o sancionamento direto pode fazer com que a reparação do dano moral tenha valor superior ao do próprio dano. Sendo assim, revertendo a indenização em proveito do lesado, este acabará experimentando enriquecimento ilícito, com o qual não se compadece nosso ordenamento. Se a vítima já estará compensada com determinado valor, o que receber a mais, para que o ofensor seja punido, representará, sem dúvida, enriquecimento ilícito.

Tal critério somente se justificaria se estivesse regulamentado em lei, com a fixação de sanção mínima e máxima, revertendo ao Estado o *quantum* da pena. Nessa ordem, uma das conclusões aprovadas no IX Encontro dos Tribunais de Alçada do Brasil, realizado em São Paulo nos dias 29 e 30 de agosto de 1997, foi a seguinte: "À indenização por danos morais deve dar-se caráter exclusivamente compensatório". Isto porque já está ínsito, neste, de modo reflexo, o caráter punitivo, dispensando-se a fixação de um *plus* a esse título. Têm os tribunais do país enfatizado a dupla finalidade da reparação do dano moral, de compensação para a vítima e de punição para o ofensor, proclamando que a fixação do valor indenizatório deve ser orientada de modo a propiciar uma compensação razoável à vítima e a influenciar o ânimo do ofensor, a fim de desestimulá-lo a reincidir na prática do ato ilícito.

Na fixação do *quantum* do dano moral, à falta de regulamentação específica, os tribunais utilizaram, numa primeira etapa, os critérios estabelecidos no Código Brasileiro de Telecomunicações (Lei n. 4.117, de 27-8-1962), por se tratar do primeiro diploma legal a estabelecer alguns parâmetros para a quantificação do dano moral, ao determinar que se fixasse a indenização entre 5 e 100 salários mínimos, conforme as circunstâncias e até mesmo o grau de culpa do lesante. Mesmo tendo sido revogados os dispositivos do referido Código pelo Decreto-Lei n. 236, de 28-2-1967, a Lei de Imprensa (Lei n. 5.250, de 9-2-1967) elevou o teto da indenização para 200 salários mínimos. Durante muito tempo esse critério serviu de norte para o arbitramento das indenizações em geral. Argumentava-se: se, para uma simples calúnia, a indenização pode alcançar cifra correspondente a 200 salários mínimos, em caso de dano mais grave tal valor pode ser multiplicado uma ou várias vezes. Esse limite de 200 salários mínimos não foi recepcionado pela Constituição de 1988, que não prevê nenhuma tabela ou tarifação a ser observada pelo juiz.

Algumas recomendações da revogada Lei de Imprensa, feitas no art. 53, no entanto, continuam a ser aplicadas na generalidade dos casos, como a situação econômica do lesado; a intensidade do sofrimento do ofendido; a gravidade, a natureza e a repercussão da ofensa; o grau de culpa e a situação econômica do ofensor, bem como as circunstâncias que envolveram os fatos. Em razão da diversidade de situações, muitas vezes valem-se os juízes de peritos para o arbitramento da indenização, como no caso de dano à imagem. Em outros, levam em conta o valor do título, como na hipótese de indevido protesto de cheques.

Verifica-se, em conclusão, que não há um critério objetivo e uniforme para o arbitramento do dano moral. Cabe ao juiz a tarefa de, em cada caso, agindo com bom senso e usando da justa medida das coisas, fixar um valor razoável e justo para a indenização. Com essa preocupação, os juízes presentes ao IX Encontro dos Tribunais de Alçada, retromencionado, aprovaram a seguinte recomendação: "Na fixação do dano moral, deverá o juiz, atentando-se ao nexo de causalidade inscrito no art. 1.060 do Código Civil (de 1916), levar em conta critérios de proporcionalidade e razoabilidade na apuração do *quantum*, atendidas as condições do ofensor, do ofendido e do bem jurídico lesado". E o Superior Tribunal de Justiça, nessa linha, decidiu: "Na fixação da indenização por danos morais, recomendável que o arbitramento seja feito com moderação, proporcionalmente ao grau de culpa, ao nível socioeconômico dos autores, e, ainda, ao porte da empresa recorrida, orientando-se o juiz pelos critérios sugeridos pela doutrina e pela jurisprudência, com razoabilidade, valendo-se de sua experiência e do bom senso, atento à realidade da vida e às peculiaridades de cada caso" (REsp 135.202-0-SP, 4ª T., rel. Min. Sálvio de Figueiredo, j. 19-5-1998).

Se o valor arbitrado não pode ser muito elevado, por outro lado não deve ser diminuto a ponto de se tornar inexpressivo e inócuo. Daí a necessidade de se encontrar o meio-termo ideal.

O Superior Tribunal de Justiça tem aplicado o denominado *método bifásico* para o arbitramento do valor da reparação por danos extrapatrimoniais. Segundo o Ministro Paulo de Tarso Sanseverino, relator do REsp 959.780-ES, constitui ele o método mais adequado para a quantificação da compensação por danos morais em casos de morte.

Fixa-se inicialmente o valor básico da indenização, levando-se em conta a jurisprudência sobre casos de lesão ao mesmo interesse jurídico. "Assegura-se, com isso, uma exigência da justiça comutativa que é uma razoável igualdade de tratamento para casos semelhantes, assim como que situações distintas sejam tratadas desigualmente na medida em que se diferenciam". Em seguida, "procede-se à fixação definitiva da indenização, ajustando-se o seu montante às peculiaridades do caso com base nas suas circunstâncias. Partindo-se, assim, da indenização básica, eleva-se ou reduz-se esse valor de acordo com as circunstâncias particulares do caso (gravidade do fato em si, culpabilidade do agente, culpa concorrente da vítima, condição econômica das partes) até se alcançar o montante definitivo. Procede-se, assim, a um arbitramento efetivamente equitativo, que respeita as peculiaridades do caso".

Quadro sinótico – Do dano e sua liquidação

1. Conceito e espécies de dano	Dano é a lesão de qualquer bem jurídico, patrimonial ou moral. É toda desvantagem ou diminuição que sofremos em nossos bens jurídicos. Dano material ou patrimonial é o que afeta somente o patrimônio do ofendido. Moral ou extrapatrimonial é o que só ofende o lesado como ser humano, não lhe atingindo o patrimônio. Dano direto é o que atinge somente a vítima. Indireto, reflexo ou em ricochete é o dano causado diretamente a outrem, mas que reflete no lesado.
2. Elementos do dano	**a)** O dano deve ser atual. Atual é o dano que já existe no momento da ação de responsabilidade. Em princípio, um dano futuro não justifica a pretensão, salvo quando se tratar de consequência de um dano presente. **b)** O dano deve ser certo. Certo é o dano fundado sobre um fato preciso e não sobre hipótese. É afastada a possibilidade de reparação do dano hipotético ou eventual, que poderá não se concretizar.

3. Pessoas obrigadas a reparar o dano		a) Responsabilidade por ato próprio. Em princípio a responsabilidade é individual (art. 186). b) Responsabilidade por ato de terceiro ou pelo fato de coisas ou animais (arts. 932, 936, 937 e 938). c) Responsabilidade em concurso de agentes. Surge a solidariedade dos diversos agentes (art. 942, 2ª parte). d) Responsabilidade dos sucessores. Não só a obrigação de reparar o dano, senão também o direito de exigir a reparação, transmite-se com a herança (art. 943). A primeira é limitada às forças da herança (art. 1.792).
4. Pessoas que podem exigir a reparação do dano		a) Em primeiro lugar, a vítima ou lesado, ou seja, o que sofre ou arca com o prejuízo. b) Igual direito têm os herdeiros da vítima, pois o direito de exigir reparação se transmite com a herança (art. 943). c) Em caso de homicídio, legitimadas são as pessoas a quem o falecido teria de prestar alimentos se vivo fosse. d) Tem sido admitido o direito da companheira de receber indenização, quando comprovada a união estável. e) O dano moral pode ser reclamado, conforme a situação, pelo próprio ofendido, bem como por seus herdeiros, por seu cônjuge ou companheira, e pelos membros de sua família a ele ligados afetivamente. f) A pessoa jurídica pode sofrer dano moral (STJ, Súmula 227) e, portanto, está legitimada a pleitear sua reparação. Assim também as crianças e os amentais.
5. Dano material	Dano emergente e lucro cessante	a) Introdução: indenizar significa reparar o dano causado à vítima, integralmente. O critério para o ressarcimento do dano material encontra-se no art. 402 do CC. Abrange o pagamento do dano emergente e do lucro cessante. b) Dano emergente: é o efetivo prejuízo, a diminuição patrimonial sofrida pela vítima. c) Lucro cessante: é a frustração da expectativa de lucro. É a perda de um ganho esperado. É apurado com base em fatos pretéritos, naquilo que vinha ocorrendo anteriormente.
	Correção monetária	Nas indenizações por ato ilícito, as verbas devem ser corrigidas monetariamente. Deve ser tomado por base, para a estimativa do prejuízo, o dia em que ele se deu. Em seguida, procede-se à atualização monetária desde a data do fato (arts. 389 e 395).
	Incidência dos juros	A sentença que julgar procedente a ação determinará que os juros devidos sejam pagos desde o dia em que o ato ilícito foi praticado (art. 398). Esses juros são os legais, conforme o art. 406.

5. Dano material	Verba honorária	Os honorários advocatícios são fixados em porcentagem sobre o valor da condenação (CPC, art. 85, § 2º). Quando esta incluir prestação de alimentos, sob a forma de pensão mensal, serão calculados sobre a soma das prestações vencidas, mais doze das vincendas (CPC, art. 292, § 1º). Nas ações de indenização por ato ilícito contra pessoa, aplica-se o § 9º do art. 85 do CPC.
	Cumulação de pensões	A indenização de natureza previdenciária, paga em geral também sob a forma de pensão mensal, seria paga mesmo que o contribuinte tivesse falecido de morte natural. Por essa razão, não se deduzem da indenização por ato ilícito, exigida pelo direito comum, as quantias recebidas pela vítima, ou seus beneficiários, dos institutos previdenciários, que se cumulam.
	Garantia do pagamento futuro	Como ninguém pode garantir que o devedor solvente de hoje não estará insolvente no futuro, dispõe o art. 533 do CPC: "Quando a indenização por ato ilícito incluir prestação de alimentos, o juiz, quanto a esta parte, poderá ordenar ao devedor constituição de capital, cuja renda assegure o pagamento do valor mensal da pensão".
	Prisão civil do devedor	Não se pode decretar a prisão civil do devedor que frustra o pagamento das pensões mensais. Tal meio coercitivo é cabível apenas no caso dos alimentos previstos no direito de família, e não por falta de pagamento de alimentos decorrentes de ação de responsabilidade *ex delicto*. Esta não passa de indenização, sob a forma de prestação ou pensão mensal.
	Revisão das pensões	A revisão da pensão devida em caso de lesão corporal que acarretou a redução da capacidade de trabalho, quando ocorre agravamento ou redução posterior do estado da vítima, tem sido admitida com base no art. 505, I, do CPC, por se tratar de "relação jurídica continuativa".
6. Dano moral	Conceito	Dano moral é o que atinge o ofendido como pessoa, não lesando seu patrimônio. É lesão de bem que integra os direitos da personalidade, como a honra, a dignidade etc. (CF, arts. 1º, III, e 5º, V e X), e que acarreta ao lesado dor, sofrimento, tristeza, vexame e humilhação.

6. Dano moral	O dano moral e a CF/88	A CF/88 pôs uma pá de cal na resistência à reparação do dano moral, ao dispor que "é assegurado o direito de resposta, proporcional ao agravo, além da indenização por dano material, moral ou à imagem" (art. 5º, V), declarando ainda "invioláveis a intimidade, a vida privada, a honra e a imagem das pessoas, assegurado o direito à indenização pelo dano material ou moral decorrente de sua violação" (inc. X).
	Quantificação do dano moral	Não tem aplicação, em nosso país, o critério da tarifação, pelo qual o *quantum* das indenizações é prefixado. Predomina entre nós o critério do arbitramento pelo juiz (CC, art. 946). Não há um critério objetivo e uniforme para o arbitramento do dano moral. Cabe ao juiz a tarefa de, em cada caso, agindo com bom senso e usando da justa medida das coisas, fixar um valor razoável e justo para a indenização.
	Natureza jurídica	Tem prevalecido o entendimento dos que vislumbram, na indenização do dano moral, duplo caráter: compensatório para a vítima e punitivo para o ofensor. Ao mesmo tempo em que serve de consolo, de compensação para atenuar o sofrimento havido, atua como sanção ao lesante, como fator de desestímulo, a fim de que não volte a praticar atos lesivos à personalidade de outrem. O caráter punitivo é meramente reflexo ou indireto.

42 A INDENIZAÇÃO EM CASO DE HOMICÍDIO

O Código Civil destacou algumas espécies de dano, estabelecendo critérios para sua liquidação no capítulo intitulado "Da indenização". Nos demais casos, fixar-se-á o *quantum* por arbitramento ou pelo procedimento comum (CC, art. 946; CPC, art. 509). Segundo o art. 948, consiste a indenização, no caso de homicídio, "sem excluir outras reparações": **a)** no pagamento das despesas com o tratamento da vítima, seu funeral e o luto da família; e **b)** na prestação de alimentos às pessoas a quem o morto os devia, levando-se em conta a duração provável da vida da vítima. Referido dispositivo, como se pode verificar pela expressão "sem excluir outras reparações", é meramente exemplificativo, devendo ser indenizado todo o prejuízo sofrido e demonstrado. Incluem-se, por exemplo, as verbas para jazigo, luto, funeral, dano emergente e lucro cessante, dano moral, décimo terceiro salário, horas extras habituais etc., corrigidas desde a data do fato ou do orçamento, conforme o caso, e acrescidas dos juros da mora.

42.1. MORTE DE CHEFE DE FAMÍLIA

Quando morre chefe de família, o autor do homicídio deve pagar às pessoas que eram por ele sustentadas, como ressarcimento do dano patrimonial, uma indenização sob a forma de pensão mensal. O direito dos referidos familiares, entretanto, sofre limitações estabelecidas na jurisprudência. A primeira delas diz respeito à idade provável da vítima, que era fixada, até o final de 2007, em 65 anos. Posteriormente, o Superior Tribunal de Justiça passou a considerar que a expectativa de vida do brasileiro, para fins de recebimento de pensão, aumentou para 70 anos (3ª T., rel. Min. Nancy Andrighi, *Revista Consultor Jurídico* de 7-3-2008). Desse modo, a esposa ou companheira e o filho incapaz terão direito ao recebimento da pensão somente durante o tempo de vida provável do chefe da família. Se já ultrapassara tal idade, considera-se razoável uma sobrevida de 5 anos (*RTJ*, 61:250). Em geral, é paga metade aos filhos menores não casados e metade à viúva ou companheira (v. Súmula 35 do STF). Estas sofrem outra limitação: terão direito à pensão somente enquanto se mantiverem em estado de viuvez e não conviverem em união estável. Também só fazem jus ao benefício os filhos menores não casados, cuja dependência é presumida, e até atingir a idade de 25 anos, perdendo-o os que se casarem antes. Continuarão a receber a pensão, porém, os filhos com mais de 25 anos portadores de "deficiências" físicas e mentais, que os impossibilitem de prover ao próprio sustento. De outros parentes, como irmãos, exige-se prova de que dependiam economicamente do *de cujus*.

A pensão mensal é calculada com base na renda auferida pela vítima, descontando-se sempre um terço, porque, se estivesse viva, estaria despendendo pelo menos um terço de seus ganhos em sua própria manutenção. Seus descendentes, ou os que dela recebiam alimentos, seriam beneficiados com somente dois terços de sua renda. O *quantum* apurado deve ser convertido em salários mínimos, pelo valor vigente ao tempo da sentença, ajustando-se às variações ulteriores (STF, Súmula 490). Se a vítima não tinha rendimento fixo, ou não foi possível prová-lo, mas sustentava a família, a pensão será fixada em dois terços de um salário mínimo (ganho presumível). Inclui-se, também, o décimo terceiro salário, a menos que a vítima fosse trabalhador autônomo e não o recebesse (*RTJ*, *117*:454).

Tem sido reconhecido aos beneficiários o direito de acrescer. Em consequência, cessado o direito de um deles, sua quota na pensão transfere-se ou acresce-se à dos demais (*RTJ*, *79*:142). Não se reduz da pensão mensal a quantia paga pelos institutos previdenciários, cumulando-se as duas pensões, porque decorrem de causas diversas. A devida pelo órgão previdenciário tem por supedâneo as contribuições que a vítima efetuou ao longo de sua vida, sendo paga mesmo em caso de morte natural. A outra decorre da prática de ilícito civil e tem natureza ressarcitória.

Toda vez que a indenização por ato ilícito incluir prestação de alimentos, o juiz condenará o devedor a constituir um capital, cuja renda assegure o pagamento das prestações futuras, representado por imóveis ou por títulos da dívida pública, que serão inalienáveis e impenhoráveis (CPC, art. 533). Não se pode decretar a prisão civil do devedor que frustra o pagamento das pensões mensais, pois não passam de indenização por ato ilícito (*RT*, *646*:124). A pensão que permite a decretação da prisão do devedor é a decorrente do direito de família (CC, arts. 1.566, III, e 1.694 e s.). Além da satisfação do dano patrimonial, cabe também pedido de reparação do dano moral (cf. CF, art. 5º, V e X), oriundos do mesmo fato, cumulativamente (STJ, Súmula 37). Não há um critério uniforme para a avaliação do dano moral. Deve ser arbitrada uma verba única, a teor do estatuído no art. 946 do Código Civil.

42.2. MORTE DE ESPOSA OU COMPANHEIRA

Em caso de morte de esposa ou companheira, podem o marido ou companheiro e os filhos menores pleitear a indenização por danos materiais e morais, cumulativamente, nas mesmas condições já expostas a respeito da morte do chefe de família. Se exercia profissão fora do lar e colaborava no sustento da família, a pensão corresponderá a 2/3 de seus rendimentos. Se só cuidava dos afazeres domésticos, deve ela corresponder ao necessário para a contratação de uma pessoa para esses misteres. Nas duas hipóteses, cabe também a reparação do dano moral.

42.3. MORTE DE FILHO

É também indenizável o acidente que cause a morte de filho menor, ainda que não exerça trabalho remunerado (STF, Súmula 491); tem a indenização, nesse caso, caráter puramente moral, sendo indevida nova verba a esse título (*RTJ*, 82:515). Se trabalhava e contribuía para a renda familiar, cabe também o ressarcimento do dano patrimonial, cumulativamente, arbitrado em 2/3 de seus ganhos. Se ainda não trabalhava, mas, pelas circunstâncias, idade e condições, tanto do filho como dos genitores, e o contexto familiar da vítima, representava a sobrevida desta valor econômico potencial, futuro, eventual, sendo razoavelmente esperada sua contribuição para os encargos da família, também se mostra cabível a concessão de indenização por danos patrimoniais e morais. Compreenderá esta somente os danos morais, se não demonstrado que a morte do filho menor representou a frustração da expectativa de futura contribuição econômica sua para os genitores.

A pensão, segundo critério que prevaleceu durante longo tempo, seria paga até a data em que a vítima completaria 25 anos. Presume-se que, nessa idade, casar-se-ia, constituindo nova família. Se já ultrapassara esse limite e auxiliava na manutenção da casa, é razoável presumir que continuaria a prestar ajuda aos pais por mais 5 anos. Os tribunais passaram a decidir, contudo, que, nas famílias de poucos recursos, os filhos continuam a ajudar os pais mesmo depois de se casarem. Assim, é razoável que a pensão corresponda, até a época em que o filho completaria 25 anos de idade, a 2/3 de seus ganhos; e a 1/3, após essa data, até os 65 anos, presumindo-se que, então, poderia casar-se e ter menores condições de auxiliar o lar paterno (*RTJ*, 123:1605). Nessas circunstâncias, tem sido lembrado que o art. 229 da Constituição Federal dispõe que "os filhos maiores têm o dever de ajudar e amparar os pais na velhice, carência ou enfermidade". Mesmo em se tratando de morte de menor que ainda não trabalhava, tem sido admitida a reparação do dano moral sob a forma de pensão mensal, arbitrada geralmente em 2/3 do salário mínimo, a contar da data do fato, especialmente nos casos em que o réu não tem condições de pagar a indenização de uma só vez. O correto, no entanto, é arbitrar-se uma verba única, a título de dano moral, com base no art. 946 do Código Civil.

A 2ª Seção do Superior Tribunal de Justiça unificou entendimento divergente sobre o limite temporal da indenização, em caso de morte de filho menor. A 4ª Turma admitia o benefício aos pais até os 65 anos da vítima, enquanto a 3ª Turma entendia que a idade limite era 25 anos. No referido julgamento ficou assentado que a indenização concernente ao dano material, paga sob a forma de pensão, em caso de falecimento de filho, deve ser integral (2/3 dos ganhos) até os 25 anos de idade da vítima, e reduzida à metade (1/3) até os 65 anos. Segundo o relator, Min. César Asfor Rocha, a redução da pensão, paga aos pais das vítimas, pela metade, deve-se ao fato de as pessoas normalmente mudarem de estado civil por volta dos 25 anos de idade e assumirem, assim, novos encargos (EREsp 106.327-PR, j. 25-2-2000).

Relembre-se que o Superior Tribunal de Justiça, no início de 2008, como mencionado no item 42.1, *retro*, modificou o seu entendimento a respeito da expectativa de vida do brasileiro, estabelecendo que a idade limite para pagamento de pensão fixada a título de indenização por danos materiais é hoje de 70 anos.

43 A INDENIZAÇÃO EM CASO DE LESÃO CORPORAL

43.1. LESÃO CORPORAL DE NATUREZA LEVE

No caso de "lesão ou outra ofensa à saúde, o ofensor indenizará o ofendido das despesas do tratamento (dano emergente) e dos lucros cessantes até ao fim da convalescença, além de algum outro prejuízo que o ofendido prove haver sofrido" (CC, art. 949). A parte final do aludido dispositivo permite que a vítima pleiteie, também, reparação de dano moral, por exemplo. Embora nem sempre a lesão corporal de natureza leve justifique pedido dessa natureza, há casos em que tal pretensão se mostra pertinente. Se a lesão resultou de agressão física, por exemplo, que provocou situação vexatória para a vítima, é possível, conforme as circunstâncias, pleitear a reparação do dano moral causado pela injusta e injuriosa agressão, que será arbitrada judicialmente, em cada caso.

43.2. LESÃO CORPORAL DE NATUREZA GRAVE

O Código Civil de 1916 disciplinava a lesão corporal de natureza grave no § 1º do art. 1.538, que se configurava em caso de "aleijão" ou "deformidade", ou seja, quando a lesão deixava marcas, dizendo que, nesse caso, a soma seria duplicada. Aleijão é a perda de um braço, de uma perna, de movimentos ou de sentidos. Para que se caracterize deformidade, é necessário que haja dano estético, que o ofendido cause impressão penosa ou desagradável. No § 2º, dispunha o aludido dispositivo que, se o ofendido, aleijado ou deformado, fosse mulher solteira ou viúva, ainda capaz de casar, a indenização consistiria em dotá-la, segundo as posses do ofensor, as circunstâncias do ofendido e a gravidade do defeito.

O Código Civil não contém regras semelhantes, tratando genericamente da lesão corporal em um único artigo. O art. 949 retrotranscrito aplica-se à lesão corporal de natureza leve e à de natureza grave, com previsão de indenização das despesas do tratamento e dos lucros cessantes, além de algum outro prejuízo que o ofendido prove haver sofrido. Foram eliminadas, assim, as extenuantes controvérsias sobre a definição e a extensão do dote, sobre mulher em condições de casar, sobre a natureza jurídica da indenização (de caráter moral ou material) e sobre o significado da expressão "esta soma será duplicada". Desse modo, em caso de lesão corporal, de natureza leve ou grave, indenizam-se as despesas do tratamento e os lucros cessantes até o fim da convalescença, fixando-se o dano moral em cada caso, conforme as circunstâncias, segundo prudente arbitramento judicial.

A gravidade do dano, que acarreta aleijão ou deformidade, é fato a ser considerado pelo magistrado, na fixação do *quantum* indenizatório do dano moral. Para que se caracterize a deformidade, é preciso que haja o dano estético. A pedra de toque da deformidade é o dano estético. O que se indeniza, nesse caso, é a tristeza, o vexame, a humilhação, ou seja, o dano moral decorrente da deformidade física. Não se trata, pois, de uma terceira espécie de dano, ao lado do dano material e do dano moral, mas apenas de um aspecto deste. Há situações em que o dano estético acarreta dano patrimonial à vítima, incapacitando-a para o exercício de sua profissão (caso da atriz cinematográfica ou de TV, da modelo, da cantora que, em virtude de um acidente automobilístico, fica deformada), como ainda dano moral (tristeza e humilhação). Admite-se, na hipótese, a cumulação do dano patrimonial com o estético, este como aspecto do dano moral.

Em inúmeras decisões os tribunais não admitiram a cumulação do dano estético com o moral, para evitar a caracterização de autêntico *bis in idem*. O Superior Tribunal de Justiça chegou a proclamar que "o dano estético subsume-se no dano moral" (*RSTJ*, 77:246) e que, "afirmado o dano moral em virtude exclusivamente do dano estético, não se justifica o cúmulo de indenizações. A indenização por dano estético se justificaria se a por dano moral tivesse sido concedida a outro título" (REsp 57.824-8-MG, 3ª T., *DJU*, 13 nov. 1995, n. 217, p. 38674). No IX Encontro dos Tribunais de Alçada do Brasil foi aprovada, por unanimidade, conclusão nesse sentido: "O dano moral e o dano estético não se cumulam, porque ou o dano estético importa em dano material ou está compreendido no dano moral".

O mencionado Superior Tribunal de Justiça vem decidindo que se permite a cumulação de valores autônomos, um fixado a título de dano moral e outro a título de dano estético, derivados do mesmo fato, quando forem passíveis de apuração em separado, com causas inconfundíveis (REsp 210.351-RJ, 4ª T., rel. Min. César Asfor Rocha, *DJU*, 3 ago. 2000). Em princípio o dano moral já inclui o dano estético, mas é preciso verificar cada caso, já tendo sido decidido pela 3ª Turma do referido Tribunal, ao julgar o REsp 110.809-MG, do qual foi relator o Min. Waldemar Zveiter, que "é admissível a indenização por dano moral e dano estético, cumulativamente, ainda que derivados do mesmo fato, quando este, embora de regra subsumindo-se naquele, comporte reparação material – Súm. 37 do STJ" (*DJU*, 30 mar. 1998, n. 60, p. 42). A 4ª Turma, por sua vez, decidiu, em outro caso, que "a amputação traumática das duas pernas causa dano estético que deve ser indenizado cumulativamente com o dano moral, neste considerados os demais danos à pessoa, resultantes do mesmo fato ilícito" (REsp 116.372-MG, rel. Min. Sálvio de Figueiredo Teixeira, *DJU*, 2 fev. 1998, *RSTJ*, 105:331).

A Súmula 387 da aludida Corte, a propósito, dispõe: "É possível a cumulação das indenizações do dano estético e moral".

43.3. INABILITAÇÃO PARA O TRABALHO

Se da ofensa resultar aleijão que acarrete inabilitação para o trabalho, total ou parcial, a indenização, além das despesas do tratamento (inclusive as relativas a aparelho ortopédico) e lucros cessantes até o fim da convalescença, incluirá pensão correspondente à importância do trabalho para que se inabilitou, ou da depreciação que ele sofreu

(CC, art. 950), sem prejuízo da reparação de eventual dano moral. O prejudicado, se preferir, poderá exigir que a indenização seja arbitrada e paga de uma só vez (parágrafo único). Acrescenta o art. 951 do referido diploma que o "disposto nos arts. 948, 949 e 950 aplica-se ainda no caso de indenização devida por aquele que, no exercício de atividade profissional, por negligência, imprudência ou imperícia, causar a morte do paciente, agravar-lhe o mal, causar-lhe lesão, ou inabilitá-lo para o trabalho".

A inabilitação refere-se à profissão exercida pela vítima na ocasião dos fatos e não a qualquer atividade remunerada. Assim, o ofendido que perde um dos braços em acidente sofre inabilitação total se necessitava de ambos para o exercício de sua profissão, ainda que possa exercer outra usando apenas um deles. O grau de incapacidade é apurado mediante perícia médica. Desse modo, se a vítima ganhava dois salários mínimos por mês e o grau de redução de sua capacidade de trabalho foi de 50%, a pensão mensal será fixada em um salário mínimo. O réu será condenado, também, a constituir um capital para garantir o pagamento das prestações futuras (CPC, art. 533).

O pagamento dos lucros cessantes será efetuado até a obtenção da alta médica. Daí por diante, corresponderá a uma porcentagem do salário que a vítima deveria receber normalmente, proporcional à redução de sua capacidade laborativa, sob a forma de pensão mensal vitalícia, ou seja, sem restrição temporal, uma vez que, se sobreviveu ao acidente, não cabe estabelecer limite com base na duração de vida provável (RT, 610:111). A falta de prova, pelo ofendido, dos rendimentos que auferia por ocasião do evento danoso, ou a demonstração de que vivia de trabalhos eventuais, sem renda determinada, conduz, em regra, à adoção do salário mínimo como base para a fixação da referida porcentagem. Esse mesmo critério é adotado quando o lesado não consegue demonstrar qualquer renda porque não se encontrava exercendo atividade alguma, sendo, no entanto, pessoa apta para o trabalho (RT, 427:224).

Se a vítima se encontrava incapacitada de exercer atividade laborativa, por problemas de saúde ou mesmo pela ancianidade, ou ainda por se encontrar aposentada e não estar exercendo atividade suplementar (se estiver, o prejuízo é evidente e, portanto, indenizável), não há falar em pagamento de pensão pela redução ou incapacidade laborativa. Nas hipóteses referidas, restringe-se a reparação ao pagamento das despesas consequentes e necessárias para a recuperação. Referida pensão não se compensa (e sim se cumula) com eventual benefício previdenciário (*RJTJSP*, 62:101). O devedor não se exonera pelo fato de a vítima, eventualmente, obter sucesso em nova profissão, malgrado o aleijão ou deformidade. Premiar o causador do dano pelos méritos alcançados pela vítima "seria no mínimo conduta ética e moralmente repreensível" (STJ, 3ª T., *Revista Consultor Jurídico* de 6-12-2007). O lesado faz jus também a uma verba para pagamento de terceiros contratados para a execução de serviços domésticos para os quais se viu temporariamente incapacitado (*RT*, 610:138, 753:334).

44 USURPAÇÃO OU ESBULHO DO ALHEIO

Dá-se o esbulho possessório quando alguém é desapossado de bem móvel ou imóvel por meios violentos ou clandestinos. Dispõe o art. 952 do Código Civil que, nesse caso, "além da restituição da coisa, a indenização consistirá em pagar o valor das suas deteriorações e o devido a título de lucros cessantes; faltando a coisa, dever-se-á reembolsar o seu equivalente ao prejudicado". Portanto, deve ser devolvida a própria coisa, acrescida de perdas e danos. Se a coisa estiver em poder de terceiro, este será obrigado a entregá-la, esteja de boa ou de má-fé, pois ela não lhe pertence. Se a aquisição, porém, foi onerosa, a indenização a que terá direito o possuidor correrá por conta do vendedor, em ação regressiva.

O parágrafo único do aludido dispositivo estabelece um caso de indenização de dano moral. Se a própria coisa não puder ser devolvida, porque não mais existe, o prejuízo da vítima não será compensado com a simples devolução de seu valor ordinário e atual, se se tratar de objeto de estimação. Então, além de receber o preço equivalente ao valor real da coisa desaparecida, o dono receberá, também, o valor de afeição, que não poderá ser superior àquele.

45 RESPONSABILIDADE DOS MÉDICOS E OUTROS

Segundo prescreve o art. 951 do Código Civil, o disposto nos arts. 948, 949 e 950, que disciplinam a liquidação do dano em caso de homicídio e de lesão corporal, "aplica-se ainda no caso de indenização devida por aquele que, no exercício de atividade profissional, por negligência, imprudência ou imperícia, causar a morte do paciente, agravar-lhe o mal, causar-lhe lesão, ou inabilitá-lo para o trabalho". Exige-se, portanto, prova da culpa dos médicos, cirurgiões, farmacêuticos, parteiras e dentistas. Tal exigência foi reproduzida no art. 14, § 4º, do Código de Defesa do Consumidor, aplicável aos profissionais liberais em geral: "A responsabilidade pessoal dos profissionais liberais será apurada mediante a verificação de culpa".

A responsabilidade do médico é, em regra, contratual, porque o paciente o procura e é por ele atendido. Pode, no entanto, ser extracontratual, quando, por exemplo, o profissional atende, na rua, um desfalecido, ou participa de outras emergências. Apesar de contratual, a obrigação que tais profissionais assumem é de meio, e não de resultado. Obrigam-se a tratar o cliente com zelo, utilizando-se dos recursos adequados, não se comprometendo, contudo, a curá-lo. Será responsabilizado somente se ficar provada sua imperícia, negligência ou imprudência no emprego desses recursos.

Não se tem considerado erro profissional o que advém da incerteza da arte médica, sendo ainda objeto de controvérsias científicas. Deve o Judiciário decidir com base em prova pericial, evitando fazer apreciações técnicas sobre métodos científicos e critérios que, por sua natureza, sejam sujeitos a discussões. O cirurgião plástico assume, porém, obrigação de resultado, porque seu trabalho é, em geral, de natureza estética. No entanto, em alguns casos a obrigação continua sendo de meio, como no atendimento a vítimas deformadas ou queimadas em acidentes, ou no tratamento de varizes, em que ressalta a natureza corretiva do trabalho. A responsabilidade dos farmacêuticos, parteiras, dentistas e outros profissionais liberais depende, igualmente, de comprovação de culpa, em qualquer de suas modalidades.

46 CALÚNIA, DIFAMAÇÃO E INJÚRIA

O Código Penal tipifica a calúnia, a difamação e a injúria como crimes contra a honra. Dá-se a calúnia quando se imputa falsamente a alguém fato definido como crime (CP, art. 138). A difamação consiste na imputação a alguém de fato ofensivo a sua reputação (art. 139).

Ocorre a injúria quando se ofende a dignidade e o decoro de alguém (art. 140). Dispõe o art. 953 do Código Civil: "A indenização por injúria, difamação ou calúnia consistirá na reparação do dano que delas resulte ao ofendido. Parágrafo único. Se o ofendido não puder provar prejuízo material, caberá ao juiz fixar, equitativamente, o valor da indenização, na conformidade das circunstâncias do caso".

Principia o dispositivo dizendo que, no caso de injúria, difamação ou calúnia, há obrigação de reparar o dano. É do dano patrimonial que aí se cogita. Pode consistir, por exemplo, em perda de emprego em virtude de falsa imputação da prática de crimes infamantes, como furto e apropriação indébita, criando dificuldades para a obtenção de outra colocação laborativa. Como o prejuízo material é de difícil prova, manda o parágrafo único que, em sua falta, caberá ao juiz fixar, equitativamente, o valor da indenização, em conformidade com as circunstâncias do caso. Referido dispositivo concede ao juiz o poder discricionário de decidir por equidade e de encontrar a medida adequada a cada caso, ao arbitrar o dano moral. Tal disciplina mostra-se bem melhor do que a do parágrafo único do art. 1.547 do Código Civil de 1916, que prefixava o *quantum* do dano moral com base no valor da multa prevista no Código Penal para os crimes de calúnia, difamação e injúria.

Quando a ofensa à honra era divulgada pela imprensa, regia-se a reparação pela Lei de Imprensa (Lei n. 5.250, de 9-2-1967), que permitia o arbitramento do dano moral, que era presumido em até 200 salários mínimos, em se tratando de conduta culposa. Os tribunais vinham entendendo que referida tarifação não restou recepcionada pela Constituição Federal de 1988, que, em seu art. 5º, X, cede lugar à regra geral do Código Civil. Toda indenização tarifada representa, hoje, uma restrição, um limite ao valor da indenização do dano moral, incompatível com a indenizabilidade irrestrita prevista na Carta Magna. A indenização deve ser prudentemente arbitrada pelo juiz, nos termos do parágrafo único do art. 953 do Código Civil. O Supremo Tribunal Federal, em julgamento realizado no dia 30 de abril de 2009, decidiu que a Lei de Imprensa era incompatível com a Constituição Federal de 1988, determinando a suspensão completa de seus dispositivos, que conflitavam com a democracia e o Estado de Direito. Depois desse julgamento, os juízes terão de se basear na própria Constituição e nos Códigos Civil e Penal para julgar ações penais e de indenização movidas contra os jornalistas e os meios de comunicação em geral.

Tem sido admitida a reparabilidade do dano moral causado à pessoa jurídica (STJ, Súmula 227). Embora esta não tenha honra subjetiva (autoestima), privativa do ser humano, é fora de dúvida que possui honra objetiva, caracterizada pela boa imagem e reputação perante a sociedade. A própria Constituição Federal não restringe o dano moral à honra subjetiva, pois declara inviolável, também, a imagem das pessoas (honra objetiva), abrangendo assim as pessoas jurídicas. No tocante à legitimidade passiva para a ação indenizatória, proclama a Súmula 221 do Superior Tribunal de Justiça: "São civilmente responsáveis pelo ressarcimento de dano, decorrente de publicação pela imprensa, tanto o autor do escrito quanto o proprietário do veículo de divulgação".

47 OFENSA À HONRA DA MULHER

A ofensa à honra da mulher reparava-se, no sistema do Código Civil de 1916, em regra, pelo casamento. Se o ofensor, porém, não pudesse ou não quisesse casar-se, era obrigado a pagar-lhe uma soma, a título de dote, arbitrada pelo juiz, segundo a condição social e o estado civil da ofendida. Podia a mulher preferir não se casar e exigir do ofensor a reparação civil, bem como sua punição, em alguns casos, na esfera criminal.

O art. 1.548 do Código Civil previa quatro situações distintas em que cabia a fixação de dote por dano presumido, *verbis*: "I – se, virgem e menor, for deflorada; II – se, mulher honesta, for violentada, ou aterrada por ameaças; III – se for seduzida com promessas de casamento; IV – Se for raptada". A instituição do dote (forma diferenciada de reparação da ofensa) teve o precípuo fim de tornar objetiva (independentemente de prova de culpa) a responsabilidade do ofensor, e presumido o dano. Representava uma compensação pela suposta dificuldade que a ofendida encontraria para se casar. Nada mais era do que uma indenização capaz de compensar prejuízo moral ou material experimentado pela mulher, ou ambos, conforme entendimento assentado na doutrina. O prejuízo material seria representado pela perda da virgindade e pela consequente diminuição da possibilidade de arranjar novos pretendentes e conseguir marido. O prejuízo moral consistiria numa insatisfação de natureza afetiva.

O progresso e a mudança nos costumes têm provocado, contudo, modificações legislativas. No direito penal, alterações foram efetivadas no capítulo dos crimes contra a honra da mulher, que não é mais aquela desprotegida e ingênua das décadas anteriores. A Lei n. 11.106, de 28-3-2005, revogou as disposições concernentes aos crimes de sedução e de rapto, abolindo a expressão "mulher honesta". No campo do direito civil, a mudança já ocorreu, não só no direito de família, mas também no capítulo da responsabilidade civil. Com efeito, o Código Civil de 2002 não contém dispositivo similar ao art. 1.548 do diploma de 1916. Deixou de existir, pois, a presunção de dano e a responsabilidade objetiva do mencionado inciso I. Há, agora, a necessidade de prova do prejuízo e da ilicitude do ato, com base na regra geral que disciplina a responsabilidade civil. Se é verdade que o "tabu" da virgindade está desaparecendo, as vítimas encontrarão dificuldade para comprovar o dano, pois o prejuízo indenizável nesses casos é a dificuldade para conseguir futuro matrimônio! Restam apenas alguns danos de natureza patrimonial, e eventualmente de natureza moral, como o contágio de doença (AIDS, por exemplo, ou alguma doença venérea), aborto, despesas médicas e hospitalares e eventual reparação do dano moral decorrentes de violência sexual, posse mediante fraude, corrupção de menores, estupro etc.

48 OFENSA À LIBERDADE PESSOAL

Dispõe o art. 954 do Código Civil que "a indenização por ofensa à liberdade pessoal consistirá no pagamento das perdas e danos que sobrevierem ao ofendido; e se este não puder provar prejuízo, tem aplicação o disposto no parágrafo único do artigo antecedente". O parágrafo único do art. 953 prescreve que, "se o ofendido não puder provar prejuízo material, caberá ao juiz fixar, equitativamente, o valor da indenização, na conformidade das circunstâncias do caso". Cabe dupla reparação: por dano material e por dano moral, ou só por dano moral, se o ofendido não puder provar prejuízo patrimonial. O parágrafo único do art. 954 consigna os casos considerados ofensivos da liberdade pessoal: "I – o cárcere privado; II – a prisão por queixa ou denúncia falsa e de má-fé; III – a prisão ilegal". No último caso, o crime que se configura é o de abuso de autoridade, previsto na Lei n. 4.898, de 9-12-1965, que estipulou, além de outras penas, também a pecuniária.

Entende-se que a enumeração feita no parágrafo único do art. 954 é exemplificativa, e não taxativa, aplicando-se, portanto, a outros casos de ofensa à liberdade pessoal. No caso de simples prisão por queixa (inc. II), ainda que não tenha havido denúncia falsa e de má-fé, cabe indenização se a prisão era indevida. Mas é necessário que a queixa tenha sido apresentada perante autoridade judiciária, observadas as formalidades legais (*RT*, 113:728). De acordo com a Constituição Federal, a pessoa jurídica de direito público é a responsável direta por prisão ilegal, tendo ação regressiva contra a autoridade arbitrária, para se ressarcir do pagamento efetuado (art. 37, § 6º).

O Código de Processo Penal, em seu art. 630, faculta ao interessado requerer ao tribunal que, no julgamento da revisão criminal, reconheça seu direito à indenização decorrente do chamado erro judiciário. Mas, se tal postulação não foi feita no tempo próprio, o interessado não decai do direito de exigir a indenização por ação ordinária (*RT*, 329:744). Se o erro ocorreu por conduta criminosa dos agentes policiais, a indenização deve ser a mais ampla possível (*RTJ*, 61:587). Proclama a Constituição Federal, no art. 5º, LXXV, que "o Estado indenizará o condenado por erro judiciário, assim como o que ficar preso além do tempo fixado na sentença" (v. n. 24.4.2, *retro*). Tem sido decidido que a indenização deve abranger os prejuízos materiais e morais que sofreu o ofendido, e que serão apurados por arbitramento (*RJTJSP*, 137:238).

Quadro sinótico – Casos especiais de indenização

1. Homicídio	Segundo o art. 948 do CC, consiste a indenização, no caso de homicídio, "sem excluir outras reparações": **a)** no pagamento das despesas com o tratamento da vítima, seu funeral e o luto da família; e **b)** na prestação de alimentos às pessoas a quem o morto os devia, levando-se em conta a duração provável da vida da vítima. O rol é meramente exemplificativo, devendo ser indenizado todo o prejuízo sofrido e demonstrado, incluindo-se, p. ex., o dano moral, o 13º salário, as horas extras habituais etc.

<table>
<tr><td>2. Morte de chefe de família</td><td colspan="2">O ressarcimento do dano patrimonial se dá mediante o pagamento de uma indenização sob a forma de prestação mensal (alimentos). Os beneficiários sofrem, no entanto, limitações: o pagamento será feito somente até a data em que o falecido completaria 70 anos de idade (idade provável da vítima). Se já ultrapassara tal idade, considera-se razoável uma sobrevida de 5 anos. Em geral, a pensão mensal é paga metade aos filhos menores não casados e metade à viúva ou companheira. Estas sofrem outra limitação: terão direito à pensão somente enquanto se mantiverem em estado de viuvez e não conviverem em união estável. Aos filhos a pensão é paga até completarem 25 anos de idade, perdendo-a se se casarem antes. Continuarão a recebê-la após essa idade os portadores de defeitos físicos ou mentais, que os impossibilitem de prover ao próprio sustento.
A pensão é calculada com base na renda auferida pela vítima, descontando-se sempre um terço, porque, se estivesse viva, estaria despendendo pelo menos um terço de seus ganhos em sua própria manutenção. O quantum apurado deve ser convertido em salários mínimos, para ser reajustado automaticamente (STF, Súmula 490). Tem sido reconhecido o direito de acrescer entre os beneficiários: cessado o direito de um deles, sua quota na pensão transfere-se ou acresce-se à dos demais. Podem os familiares pedir também, cumulativamente, a reparação do dano moral (STJ, Súmula 37).</td></tr>
<tr><td>3. Morte de esposa ou companheira</td><td colspan="2">Cabe indenização por dano material e moral, cumulativamente, nas mesmas condições expostas a respeito da morte do chefe de família. Se exercia profissão fora do lar e colaborava no sustento da família, a pensão corresponderá a 2/3 de seus rendimentos. Se só cuidava dos afazeres domésticos, deve ela corresponder ao necessário para a contratação de uma pessoa para esses misteres. Nas duas hipóteses, cabe também a reparação do dano moral.</td></tr>
<tr><td>4. Morte de filho</td><td colspan="2">É também indenizável o acidente que cause a morte de filho menor, ainda que não exerça trabalho remunerado (STF, Súmula 491). Tem a indenização, nesse caso, caráter puramente moral, sendo indevida nova verba a esse título. Se trabalhava e contribuía para a renda familiar, cabe também o ressarcimento do dano patrimonial, cumulativamente, arbitrado em 2/3 de seus ganhos, sendo paga até os 25 anos de idade da vítima, e reduzida à metade (1/3) até os 70 anos, cessando se os beneficiários falecerem antes.</td></tr>
<tr><td rowspan="2">5. Lesão corporal</td><td>Lesão corporal de natureza leve</td><td>No caso de "lesão ou outra ofensa à saúde, o ofensor indenizará o ofendido das despesas do tratamento (dano emergente) e dos lucros cessantes até ao fim da convalescença, além de algum outro prejuízo que o ofendido prove haver sofrido" (CC, art. 949).
A parte final do dispositivo permite que a vítima pleiteie, também, reparação de dano moral, p. ex.</td></tr>
<tr><td>Lesão corporal de natureza grave</td><td>O art. 949 supratranscrito aplica-se à lesão corporal de natureza leve e à de natureza grave. Indenizam-se as despesas do tratamento e os lucros cessantes até o fim da convalescença, fixando-se o dano</td></tr>
</table>

5. Lesão corporal	Lesão corporal de natureza grave	moral em cada caso, conforme as circunstâncias, segundo prudente arbitramento judicial. A gravidade do dano, que acarreta aleijão ou deformidade, é fato a ser considerado pelo juiz, na fixação do *quantum* indenizatório do dano moral. Para que se caracterize a deformidade, é preciso que haja o dano estético.
	Inabilitação para o trabalho	Se da ofensa resultar aleijão que acarrete inabilitação para o trabalho, total ou parcial, a indenização, além das despesas do tratamento (inclusive as relativas a aparelho ortopédico) e lucros cessantes até o fim da convalescença, incluirá pensão correspondente à importância do trabalho para que se inabilitou, ou da depreciação que ele sofreu (art. 950), sem prejuízo da reparação de eventual dano moral. O prejudicado, se preferir, poderá exigir que a indenização seja arbitrada e paga de uma só vez (parágrafo único). A inabilitação refere-se à profissão exercida pela vítima na ocasião dos fatos e não a qualquer atividade remunerada.
6. Usurpação ou esbulho do alheio	Quando alguém é desapossado de bem móvel ou imóvel por meios violentos ou clandestinos, a indenização consistirá em devolver a própria coisa, acrescida de perdas e danos (art. 952). Se estiver em poder de terceiro, este será obrigado a entregá-la, esteja de boa ou de má-fé. O parágrafo único do art. 952 estabelece um caso de indenização moral: se se tratar de objeto de estimação, e não puder ser devolvido, porque não mais existe, o dono receberá, além do valor equivalente ao real da coisa desaparecida, também o valor de afeição, que não poderá ser superior àquele.	
7. Responsabilidade dos médicos e outros	O disposto nos arts. 948, 949 e 950, que disciplinam a liquidação do dano em caso de homicídio e de lesão corporal, "aplica-se ainda no caso de indenização devida por aquele que, no exercício de atividade profissional, por negligência, imprudência ou imperícia, causar a morte do paciente, agravar-lhe o mal, causar-lhe lesão, ou inabilitá-lo para o trabalho" (art. 951). Exige-se, portanto, prova da culpa dos médicos, cirurgiões, farmacêuticos, parteiras e dentistas. Tal exigência encontra-se também no art. 14, § 4º, do CDC.	
8. Calúnia, difamação e injúria	"A indenização por injúria, difamação ou calúnia consistirá na reparação do dano que delas resulte ao ofendido" (art. 953). "Se o ofendido não puder provar prejuízo material, caberá ao juiz fixar, equitativamente, o valor da indenização, na conformidade das circunstâncias do caso" (parágrafo único). É concedido, pois, ao juiz o poder discricionário de arbitrar o dano moral.	
9. Ofensa à liberdade pessoal	Cabe dupla reparação: por dano material e por dano moral, ou só por dano moral, se o ofendido não puder provar prejuízo patrimonial (art. 954). São considerados ofensivos da liberdade pessoal: o cárcere privado, a prisão por queixa ou denúncia falsa e de má-fé e a prisão ilegal ou abuso de autoridade (art. 954).	

Livro III
AS EXCLUDENTES DA RESPONSABILIDADE CIVIL

Já dissemos (n. 36, *retro*) que há certos fatos que interferem nos acontecimentos ilícitos e rompem o nexo causal, excluindo a responsabilidade do agente. Vamos estudar, agora, as principais excludentes da responsabilidade civil, que envolvem a negação do liame da causalidade.

49 O ESTADO DE NECESSIDADE

No direito brasileiro, a figura do chamado "estado de necessidade" é delineada pelas disposições dos arts. 188, II, 929 e 930 do Código Civil. Dispõe o primeiro não constituir ato ilícito "a deterioração ou destruição da coisa alheia, a fim de remover perigo iminente". E o parágrafo único completa: "No caso do inciso II, o ato será legítimo somente quando as circunstâncias o tornarem absolutamente necessário, não excedendo os limites do indispensável para a remoção do perigo". É o estado de necessidade no âmbito civil.

Entretanto, embora a lei declare que o ato praticado em estado de necessidade não é ato ilícito, nem por isso libera quem o pratica de reparar o prejuízo que causou. Se um motorista, por exemplo, atira seu veículo contra um muro, derrubando-o, para não atropelar uma criança que, inesperadamente, surgiu-lhe à frente, seu ato, embora lícito e mesmo nobilíssimo, não o exonera de pagar a reparação do muro. Com efeito, o art. 929 do Código Civil estatui que, se o dono da coisa (o dono do muro) destruída ou deteriorada não for culpado do perigo, terá o direito de ser indenizado (somente se não for culpado do perigo). Entretanto, o evento ocorreu por culpa *in vigilando* do pai da criança, que é responsável por sua conduta. Desse modo, embora tenha de pagar o conserto do muro, o motorista terá ação regressiva contra o pai do menor, para ressarcir-se das despesas efetuadas. É o que dispõe o art. 930 do Código Civil: "No caso do inciso II do art. 188, se o perigo ocorrer por culpa de terceiro, contra este terá o autor do dano ação regressiva para haver a importância que tiver ressarcido ao dono da coisa".

A solução dos arts. 929 e 930 não deixa de estar em contradição com o art. 188, II, pois, enquanto este considera lícito o ato, aqueles obrigam o agente a indenizar a deterioração da coisa alheia para remover perigo iminente. É o caso, por exemplo, da destruição de prédio alheio, vizinho ao incendiado, para evitar que o fogo se propague ao resto do quarteirão. Tal solução pode desencorajar muitas pessoas a tomar certas atitudes necessárias para a remoção do perigo iminente. Recomenda-se, pois, que a indenização, nesse caso, seja arbitrada por equidade e com moderação, para evitar injustiças.

O Código Civil de 1916 só contemplava a figura do estado de necessidade em relação aos danos causados às coisas, não às pessoas. O diploma atual, inovando e orientando-se pelo direito italiano, prevê expressamente, como fatos que configuram o estado de necessidade, não só a "deterioração ou destruição da coisa alheia", como também "a lesão a pessoa" (art. 188, II). Embora o art. 188, II, aparente estar em contradição com o citado art. 929, explica-se o teor do último pela intenção de não se deixar irressarcida a vítima inocente de um dano. Por outro lado, justifica-se a afirmação do primeiro de que o ato praticado em estado de necessidade não é ilícito, por ter o agente direito à ação regressiva contra o terceiro causador da situação de perigo.

O art. 65 do Código de Processo Penal (que proclama fazer coisa julgada, no cível, a sentença penal que reconhece ter sido o ato praticado em estado de necessidade) não conflita com os arts. 929 e 930 do Código Civil. Sendo o réu absolvido criminalmente por ter agido em estado de necessidade, está o juiz cível obrigado a reconhecer tal fato. Mas dará a ele o efeito previsto no Código Civil e não no Código Penal, qual seja, o de obrigá-lo a ressarcir o dano causado à vítima inocente, com direito, porém, à ação regressiva contra o provocador da situação de perigo. Veja-se a jurisprudência: "Mesmo ocorrendo estado de necessidade, quando o condutor, por exemplo, é obrigado a desviar o seu veículo para não colidir com outro que intercepta sua trajetória, não fica aquele desonerado da obrigação de indenizar. O que lhe resta é o direito à ação regressiva contra o causador do dano, nos termos do art. 1.520 do Código Civil (de 1916, correspondente ao art. 930 do atual diploma)" (TJSP, Ap. 218.972, 4ª Câm.).

50 A LEGÍTIMA DEFESA

O art. 188, I, do Código Civil proclama que não constituem atos ilícitos os praticados em "legítima defesa ou no exercício regular de um direito reconhecido". O próprio "cumprimento do dever legal", embora não explicitamente, nele está contido, pois atua no exercício regular de um direito reconhecido aquele que pratica um ato "no estrito cumprimento do dever legal".

Se o ato foi praticado contra o próprio agressor, e em legítima defesa, não pode o agente ser responsabilizado civilmente pelos danos provocados. Entretanto, se, por engano ou erro de pontaria, terceira pessoa foi atingida (ou alguma coisa de valor), nessa circunstância deve o agente reparar o dano. Mas terá ação regressiva contra o agressor, para se ressarcir da importância desembolsada. Dispõe o parágrafo único do art. 930: "A mesma ação competirá contra aquele em defesa de quem se causou o dano (art. 188, I)". Note-se a remissão feita ao art. 188, inciso I.

Somente a legítima defesa real, e praticada contra o agressor, deixa de ser ato ilícito, apesar do dano causado, impedindo a ação de ressarcimento. Se o agente, por erro de pontaria (*aberratio ictus*), atingir um terceiro, ficará obrigado a indenizar os danos a este causados, pois quem causa dano a outrem é obrigado a reparar o prejuízo (CC, arts. 186 e 927), ficando, porém, com direito à ação regressiva contra o injusto ofensor, como já dito.

A legítima defesa putativa também não exime o réu de indenizar o dano, pois somente exclui a culpabilidade e não a antijuridicidade do ato. O art. 65 do Código de Processo Penal não faz nenhuma referência às causas excludentes da culpabilidade, ou seja, às denominadas dirimentes penais. Uma vez que se trata de erro de fato, não há que cogitar da aplicação do art. 65 do Código de Processo Penal. Na legítima defesa putativa, o ato de quem a pratica é ilícito, embora não punível por ausência de culpabilidade em grau suficiente para a condenação criminal. No cível, entretanto, a culpa mesmo levíssima obriga a indenizar. E não deixa de haver negligência na apreciação equivocada dos fatos.

Na esfera cível, o excesso, a extrapolação da legítima defesa, por negligência ou imprudência, configura a situação do art. 186 do Código Civil: fica o agente obrigado a reparar o dano. Nos casos de estrito cumprimento do dever legal, em que o agente é exonerado da responsabilidade pelos danos causados, a vítima, muitas vezes, consegue obter o ressarcimento do Estado (caso, por exemplo, de pessoa atingida por bala perdida, disparada por um policial, que troca tiros com assaltantes), já que, nos termos do art. 37, § 6º, da Constituição Federal, "as pessoas jurídicas de direito público (...) responderão pelos danos que seus agentes, nessa qualidade, causarem a terceiros". E o Estado não terá ação regressiva contra o policial responsável (só cabível nos casos de culpa ou dolo do agente público), porque este estará amparado pela excludente do estrito cumprimento do dever legal.

51 A CULPA EXCLUSIVA DA VÍTIMA

Quando o evento danoso acontece por culpa exclusiva (ou fato exclusivo) da vítima, desaparece a responsabilidade do agente. Nesse caso, deixa de existir a relação de causa e efeito entre seu ato e o prejuízo experimentado pelo lesado. Pode-se afirmar que, no caso de culpa exclusiva da vítima, o causador do dano não passa de mero instrumento do acidente. Não há liame de causalidade entre seu ato e o prejuízo por ela sofrido. É o que se dá, por exemplo, quando a vítima é atropelada ao atravessar, embriagada, uma estrada de alta velocidade; ou quando o motorista, dirigindo com toda a cautela, vê-se surpreendido pelo ato da vítima que, pretendendo suicidar-se, atira-se sob as rodas do veículo. Impossível, conforme exemplificado, falar em nexo de causa e efeito entre a conduta do motorista e os ferimentos, ou o falecimento, da pessoa lesada.

Há casos em que a culpa da vítima é apenas parcial, ou concorrente com a do agente causador do dano. Autor e vítima contribuem, ao mesmo tempo, para a produção de um mesmo fato danoso. É a hipótese, para alguns, de "culpas comuns", e, para outros, de "culpa concorrente". Nesses casos, existindo uma parcela de culpa também do agente, haverá repartição de responsabilidades, de acordo com o grau de culpa. A indenização poderá ser reduzida pela metade, se a culpa da vítima corresponder a uma parcela de 50%, como também poderá ser reduzida de 1/4, 2/5, dependendo de cada caso. Com efeito, dispõe o art. 945 do Código Civil: "Se a vítima tiver concorrido culposamente para o evento danoso, a sua indenização será fixada, tendo-se em conta a gravidade de sua culpa em confronto com a do autor do dano". Assim, impõe-se "a condenação do causador do acidente, atendendo-se à gravidade de sua falta; e, havendo culpa recíproca, deve a condenação ser proporcional, usando-se as frações na fixação da indenização" (*RT*, 356:519). Tem-se decidido que não é indenizável, por se tratar de hipótese de culpa exclusiva da vítima, a morte de passageiro que, na condição de "surfista", desafiando o perigo, posta-se sobre a composição férrea, vindo a cair (*RSTJ*, 73:405; *RT*, 758:239).

Algumas leis, no entanto, não admitem a redução do montante da indenização em caso de culpa concorrente da vítima, obrigando o causador do dano a pagar o valor integral. O Decreto n. 2.681, de 1912, que trata da responsabilidade das companhias de estradas de ferro, por exemplo, prescreve que a culpa concorrente da vítima não exonera o transportador da obrigação de compor os danos. Somente a culpa exclusiva da vítima pode isentá-lo (art. 17).

Hoje, o fornecimento de transportes em geral é atividade abrangida pelo Código de Defesa do Consumidor, por constituir modalidade de prestação de serviço. Semelhantemente, o art. 14 do mencionado diploma dispõe que somente a culpa exclusiva do lesado (não a concorrente) constitui causa exonerativa da responsabilidade. Por essa razão, têm os tribunais condenado as empresas de transporte a pagar indenização integral às vítimas de acidentes, mesmo em casos de culpa concorrente destas, como, por exemplo, nas hipóteses de passageiros que viajam no estribo do vagão ou como "pingentes", dependurados nas portas, que permanecem abertas. Confira-se: "Devem as empresas de transporte reparar o dano consequente de desastre ocorrido com passageiro que viaja no estribo" (*RT*, 524:72). Ou, ainda: "O fato de a vítima ter viajado como 'pingente' não afasta a culpa da ferrovia, que é presumida, pois não presta o serviço em condições de não obrigar as que têm necessidade de usá-lo a viajar em condições perigosas e nem vigia para que tal não se verifique" (STF, *RTJ*, 115:1278; STJ, REsp 10.911-RJ, *DJU* 19 ago. 1991, n. 159, p. 10995).

Contudo, essa situação modificou-se, porque o Código Civil determina expressamente, no art. 945, que o juiz leve em conta eventual culpa concorrente da vítima, reduzindo a indenização por esta pleiteada, em proporção da gravidade de sua culpa, confrontada com a do autor do dano. Havendo incompatibilidade entre o Código de Defesa do Consumidor e o Código Civil, nesse particular, prevalecem as normas deste (cf. art. 732).

Quando a vítima de atropelamento é menor e se encontra em companhia dos pais, não se tem reconhecido a culpa concorrente por fato imputável a estes. Tem lugar, na hipótese, o entendimento aprovado no VIII Encontro Nacional de Tribunais de Alçada: "Quando a vítima de atropelamento, por carro ou por trem, for criança e, embora com graves sequelas, sobrevive ao acidente, desde que os autos revelem qualquer parcela de culpa do condutor do veículo, não há como falar-se em concorrência de culpas. A culpa de terceiro, no caso culpa 'in vigilando', dos pais da criança, não pode se opor aos direitos desta".

52 O FATO DE TERCEIRO

Muitas vezes, o ato daquele que atropela alguém ou causa alguma outra espécie de dano pode não ser o responsável pelo evento, o verdadeiro causador do dano, mas sim o ato de um terceiro. Em matéria de responsabilidade civil, no entanto, predomina o princípio da obrigatoriedade do causador direto de reparar o dano. A culpa de terceiro não exonera o autor direto do dano do dever jurídico de indenizar. O assunto vem regulado nos arts. 929 e 930 do Código Civil, concedendo o último ação regressiva contra o terceiro que criou a situação de perigo, para haver a quantia despendida no ressarcimento ao dono da coisa.

O autor do dano responde pelo prejuízo que causou, ainda que seu procedimento venha legitimado pelo estado de necessidade. Só lhe resta, depois de pagar a indenização, o direito à ação regressiva contra o terceiro. Quando, no entanto, o ato deste é a causa exclusiva do prejuízo, desaparece a relação de causalidade entre a ação ou a omissão do agente e o dano. A exclusão da responsabilidade dar-se-á porque o fato de terceiro se reveste de características semelhantes às do caso fortuito, sendo imprevisível e inevitável.

52.1. O FATO DE TERCEIRO E A RESPONSABILIDADE CONTRATUAL DO TRANSPORTADOR

A jurisprudência não tem admitido referida excludente em casos de transporte. Justifica-se o rigor, tendo em vista a maior atenção que deve ter o motorista obrigado a zelar pela integridade de outras pessoas. Dispõe, com efeito, a Súmula 187 do Supremo Tribunal Federal: "A responsabilidade contratual do transportador, pelo acidente com o passageiro, não é elidida por culpa de terceiro, contra o qual tem ação regressiva". Essa súmula de jurisprudência transformou-se no art. 735 do Código Civil, que tem a mesma redação. Assim, qualquer acidente que cause danos ao passageiro obriga o transportador a indenizá-lo. Não importa que o evento tenha ocorrido porque o veículo foi "fechado" ou mesmo abalroado por outro. O transportador indeniza o passageiro e move, depois, ação regressiva contra o terceiro.

Há casos, no entanto, em que o acidente ocorrido com o passageiro não está relacionado com o fato do transporte em si. Por exemplo: quando alguém, do lado de fora, efetua disparos contra ônibus ou trem em movimento, ferindo passageiro. Trata-se de fato inevitável e imprevisível, constituindo causa estranha ao fato do transporte. Nessa hipótese, isto é, quando o fato de terceiro se equipara ao caso fortuito, pode o transportador eximir-se da responsabilidade. O fato de terceiro, contudo, só exonera quando efetivamente constitui causa estranha ao devedor, isto é, quando elimina, totalmente, a relação de causalidade entre o dano e o desempenho do contrato. Às vezes, porém, os atentados desse tipo se tornam frequentes e em áreas localizadas, passando a ser previsível sua repetição e excluindo, portanto, a caracterização do fortuito, como acontece nos casos de pedras atiradas contra trens de subúrbio, nos grandes centros (RT, 610:271, 650:124).

Pode-se afirmar, malgrado as divergências ainda existentes a respeito do tema, que são em maior número as decisões no sentido de que o assalto a mão armada no interior de ônibus, embora se pudesse ter meios de evitá-lo, equipara-se ao caso fortuito, assim considerado o fato imprevisível, que isenta de responsabilidade o transportador. Decidiu a 3ª Turma do Superior Tribunal de Justiça que, na hipótese, o fato de terceiro não guarda conexidade com o transporte, ficando exonerado de responsabilidade o transportador, de acordo com precedentes do Tribunal (REsp 74.534-RJ, rel. Min. Nilson Naves, j. 4-3-1997).

52.2. O FATO DE TERCEIRO EM CASOS DE RESPONSABILIDADE AQUILIANA

No caso de responsabilidade aquiliana, não contratual (atropelamento, p. ex.), se dois veículos colidem e um deles atropela alguém, serão ambos os motoristas responsáveis solidariamente, se não se puder precisar qual dos dois teve culpa direta na ocorrência (*RJTJSP*, 41:108). Se, entretanto, o motorista do veículo que atropelou dirigia corretamente e foi lançado contra o transeunte em virtude de abalroamento culposo, poderá exonerar-se da responsabilidade, invocando o fato de terceiro como causador único do evento, demonstrando que deixou de existir relação de causalidade entre o atropelamento e seu veículo, pois o acidente teria sido causado exclusivamente por culpa de terceiro.

Acontece o mesmo quando dois veículos se encontram parados, um à frente do outro, aguardando a abertura do semáforo, e o segundo é colidido na traseira por um terceiro, dirigido por motorista desatento, sendo projetado contra a traseira do que lhe está à frente. Nesse caso, se o dono do primeiro veículo acionar o motorista do segundo, este poderá defender-se com sucesso, alegando o fato de terceiro, ou seja, que serviu de mero instrumento da ação do motorista imprudente, nada podendo fazer para evitar o arremesso de seu veículo contra a traseira daquele (*JTACSP*, 156:187). Tem-se decidido, com efeito, que, quando a primeira culpa, causadora do sinistro, é de tal força e de tal intensidade que exclui a liberdade de ação do causador direto do dano, este terá excluída sua culpa (*RT*, 404:134).

Ainda aqui se pode observar que a exclusão da responsabilidade se dará porque o fato de terceiro se reveste de características semelhantes às do caso fortuito, sendo imprevisível e inevitável. Somente nessa hipótese deixa de haver responsabilidade pela reparação, por inexistência da relação de causalidade. Problemas em que inexiste culpa do causador direto do dano e o fato de terceiro não é equiparado ao fortuito têm sido solucionados com base nos arts. 188, II, 929 e 930 do Código Civil. Dessa maneira, o causador direto do dano tem a obrigação de repará-lo, ficando com direito à ação regressiva contra o terceiro, de quem partiu a manobra inicial e ensejadora da colisão. Assim, se um motorista colide seu veículo com outro, não lhe aproveita a alegação de que tal ocorreu porque foi "fechado" por um terceiro. Nesse caso, deve indenizar os prejuízos que causou ao lesado e, depois, mover ação regressiva contra o terceiro (cf. *JTACSP*, 157:194).

Nada impede que a vítima proponha a ação diretamente contra o terceiro, arcando, nesse caso, com o ônus da prova de culpa deste e abrindo mão da vantagem que o art. 929 lhe proporciona. Da mesma forma, em casos de acidente causado por ato de terceiro, com dano ao passageiro (responsabilidade contratual), pode a vítima optar pela ação não contra o próprio transportador, mas contra o terceiro, embora, nesse caso, sua situação se torne penosa, por lhe caber o ônus da prova da culpa do terceiro. É possível ao autor litigar contra o agente direto do prejuízo e também contra o terceiro, cujo procedimento culposo foi o elemento que provocou o acidente. A sentença definirá o responsável. Em conclusão: o causador direto do dano só se eximirá da obrigação de indenizar se sua ação for equiparável ao fortuito (caso em que terá sido mero instrumento do terceiro, servindo de "projétil"). Quando essa situação está bem caracterizada, a ação deve ser proposta unicamente contra o terceiro, o verdadeiro e único causador do evento.

52.3. FATO DE TERCEIRO E DENUNCIAÇÃO DA LIDE

Muitas vezes, o causador direto do dano, ao ser acionado, requer a denunciação da lide ao terceiro, contra quem tem ação regressiva, em razão da lei ou de contrato, fundamentando o pedido no art. 125, II, do Código de Processo Civil (contra sua seguradora, p. ex.). Outras vezes, a denunciação não é feita com a finalidade de instaurar a lide secundária entre denunciante e denunciado, para que o direito de regresso do primeiro contra o segundo seja decidido na mesma sentença que julgar a lide principal (CPC, art. 129), mas sim com o objetivo de apontar o terceiro responsável pelo evento e de, com isso, excluir da demanda o denunciante. Não é possível, no entanto, o afastamento do processo do causador direto do dano, assumindo, desde logo, o terceiro a responsabilidade. A denunciação da lide ao terceiro pode ser feita apenas para o efeito de regresso, se este existir por força de lei ou de contrato.

Quem alega ser parte ilegítima passiva *ad causam* não pode denunciar. Nesse sentido a jurisprudência: "Denunciação da lide. Pretensão à inclusão na relação processual de suposta parte legítima, com exclusão de quem se declara parte ilegítima. Desacolhimento. Impossibilidade do denunciado integrar a lide em substituição a quem se declara parte ilegítima", pois a vítima não está litigando com o terceiro (*JTACSP*, 100:102).

53 CASO FORTUITO E FORÇA MAIOR

O art. 393, parágrafo único, do Código Civil não faz distinção entre o caso fortuito e a força maior, definindo-os da seguinte forma: "O caso fortuito ou de força maior verifica-se no fato necessário, cujos efeitos não era possível evitar ou impedir". A inevitabilidade é, pois, a sua principal característica. O caso fortuito geralmente decorre de fato ou ato alheio à vontade das partes: greve, motim, guerra. Força maior é a derivada de acontecimentos naturais: raio, inundação, terremoto. Ambos, equiparados no dispositivo legal supratranscrito, constituem excludentes da responsabilidade porque afetam a relação de causalidade, rompendo-a, entre o ato do agente e o dano sofrido pela vítima. Assim, por exemplo, se um raio romper os fios de alta tensão e inutilizar os isolantes, não será a empresa fornecedora da energia elétrica responsabilizada se alguém neles esbarrar e perecer eletrocutado, a menos que, informada do evento, não tome urgentes providências para sanar o problema (cf. *RT*, 369:89). Se há caso fortuito, não pode haver culpa, na medida em que um exclui o outro.

Modernamente se tem feito, com base na lição de Agostinho Alvim, a distinção entre "fortuito interno" (ligado à pessoa, ou à coisa, ou à empresa do agente) e "fortuito externo" (força maior, o *Act of God* dos ingleses). Somente o fortuito externo, isto é, a causa ligada à natureza, estranha à pessoa do agente e à máquina, excluiria a responsabilidade, principalmente se esta se fundar no risco. O fortuito interno não. Assim, tem-se decidido que o estouro dos pneus do veículo, a quebra da barra de direção ou de outra peça, o rompimento do "burrinho" dos freios e outros eventuais defeitos mecânicos não afastam a responsabilidade, porque previsíveis e ligados à máquina (*RT*, 431:73; *RJTJSP*, 33:118; *JTACSP*, 117:22, 155:194). Também não afasta a responsabilidade a causa ligada à pessoa, como, por exemplo, o mal súbito (*JTACSP*, 156:184).

Desse modo, somente o fortuito externo, isto é, a causa ligada à natureza, exclui a responsabilidade, por ser imprevisível. Um raio que atinge subitamente uma condução, provocando a perda da direção e um acidente com danos, afasta a responsabilidade do motorista, pelo rompimento da relação de causalidade. Já o fortuito interno, em que a causa está ligada à pessoa (quando ocorre um mal súbito) ou à coisa (defeitos mecânicos), não afasta a responsabilidade do agente, ainda que o veículo esteja bem cuidado e conservado, porque previsível.

54 CLÁUSULA DE NÃO INDENIZAR

Cláusula de não indenizar é o acordo de vontades que objetiva afastar as consequências da inexecução ou da execução inadequada do contrato. Tem por função alterar, em benefício do contratante, o jogo dos riscos, pois estes são transferidos para a vítima. É o caso, por exemplo, do contrato de depósito celebrado entre o cliente e o dono do estacionamento, contendo cláusula pela qual o último não se responsabiliza pelo desaparecimento de objetos deixados no interior do veículo. Sua finalidade não é propriamente afastar a responsabilidade do inadimplente, mas apenas a obrigação de indenizar.

Muito se discute a respeito da validade de tal tipo de cláusula. Para alguns, seria uma cláusula imoral, porque contrária ao interesse social. Vedando-a, principalmente nos contratos de adesão, estar-se-ia protegendo a parte economicamente mais fraca. Outros, entretanto, defendem-na, estribados no princípio da autonomia da vontade: as partes são livres para contratar, desde que o objeto do contrato seja lícito.

Nosso direito não simpatiza com a cláusula de não indenizar. O Decreto n. 2.681, de 1912, considera nulas quaisquer cláusulas que tenham por objetivo a diminuição da responsabilidade das estradas de ferro. O Código Civil, no art. 734, preceitua: "O transportador responde pelos danos causados às pessoas transportadas e suas bagagens, salvo motivo de força maior, sendo nula qualquer cláusula excludente da responsabilidade". E o Código de Defesa do Consumidor (Lei n. 8.078, de 11-9-1990), que se aplica atualmente a mais ou menos 80% dos contratos, não admite sua estipulação nas relações de consumo. Com efeito, em seu art. 24 o aludido diploma diz que "é vedada a exoneração contratual do fornecedor". E, no art. 25, proclama: "É vedada a estipulação contratual de cláusula que impossibilite, exonere ou atenue a obrigação de indenizar prevista nesta e nas Seções anteriores". Não bastasse, em seu art. 51, ao tratar das cláusulas abusivas, considera nulas de pleno direito as cláusulas que "impossibilitem, exonerem ou atenuem a responsabilidade do fornecedor por vícios de qualquer natureza dos produtos e serviços ou impliquem renúncia ou disposição de direitos".

Como o Código de Defesa do Consumidor permanece em vigor, a grande maioria dos contratos continua não admitindo cláusula de não indenizar. Mesmo no restrito campo dos contratos não regidos pela legislação consumerista várias limitações são impostas a referida cláusula. Sua validade dependerá da observância de alguns requisitos, quais sejam:

a) Bilateralidade de consentimento – Considera-se inteiramente ineficaz declaração feita unilateralmente. Veja-se: "A cláusula de não indenizar só tem cabimento quando estabelecida com caráter de transação, não podendo ser deduzida de fórmulas impressas não integrantes do contrato, nem de avisos afixados em paredes" (*RT*, 533:76, 563:146).

b) Não colisão com preceito de ordem pública – Ainda que haja acordo de vontades, não terá validade se visa afastar uma responsabilidade imposta em atenção a interesse de ordem pública ou aos bons costumes. Somente a norma que tutela mero interesse individual pode ser arredada pela referida cláusula.

c) Igualdade de posição das partes – Tal requisito impede sua inserção nos contratos de adesão. Seria até imoral admitir a ideia de alguém, justamente a parte que se encontra em melhor situação por elaborar e redigir todas as cláusulas do contrato sem qualquer participação do aderente, fugir à responsabilidade pelo inadimplemento da avença, por sua deliberada e exclusiva decisão. A propósito, dispõe a Súmula 161 do Supremo Tribunal Federal: "Em contrato de transporte, é inoperante a cláusula de não indenizar". A jurisprudência, no entanto, tem admitido, embora com algumas divergências, a cláusula limitativa de responsabilidade no transporte marítimo, desde que corresponda à redução de tarifa e não torne irrisória a indenização.

d) Inexistência do escopo de eximir o dolo ou a culpa grave do estipulante – Não se admite cláusula de exoneração de responsabilidade em matéria delitual, pois seu domínio se restringe à responsabilidade contratual. Mesmo nesse campo, a cláusula não abrange os casos de dolo ou culpa grave. Se fossem admitidos, teríamos como consequência a impunidade em hipóteses de ações danosas de maior gravidade, contrariando a própria ideia de ordem pública.

e) Ausência da intenção de afastar obrigação inerente à função – A cláusula de não indenizar não pode ser estipulada para afastar ou transferir obrigações essenciais do contratante. O contrato de compra e venda, por exemplo, estaria desnaturado se o vendedor pudesse convencionar a dispensa de entregar a coisa vendida. Nessa ordem, o Tribunal de Justiça de São Paulo afastou a validade de cláusula existente nos estatutos, que excluía a responsabilidade de sanatório por eventuais danos sofridos pelos doentes mentais internados, nos seguintes termos: "Não é válida – não pode sê-lo sem grave contradição lógico-jurídica – estipulação negocial de irresponsabilidade, nos casos de instituições que tomem a seu cargo, de maneira provisória ou definitiva, a título gratuito ou oneroso, o tratamento ou a guarda de doentes mentais, porque se considera inerente à função assumida a obrigação de velar pela integridade física dos internos. Conclui a propósito a doutrina que, em resumo, no tocante à integridade da vida e da saúde, exclui-se, sempre e sempre, a cláusula de irresponsabilidade" (*RJTJSP*, 126:159).

55 A PRESCRIÇÃO

Prescrita a pretensão à reparação de danos, fica afastada qualquer possibilidade de recebimento da indenização. A responsabilidade do agente causador do dano se extingue. A obrigação de reparar o dano é de natureza pessoal. Contudo, a prescrição não ocorre no prazo geral de dez anos, do art. 205, porque o art. 206, que estipula prazos especiais, dispõe que prescreve em "três anos (...) a pretensão de reparação civil" (§ 3º, V).

Merece encômios a redução dos prazos prescricionais no Código Civil de 2002, para 10 anos, quando a lei não lhe haja fixado prazo menor (prazo geral, art. 205); e para 3 anos, o da pretensão à reparação civil (prazo especial), visto que o sistema do Código Civil de 1916, que previa o prazo de 20 anos para as ações pessoais, era objeto de severas críticas por parte de muitos juristas, que censuravam o legislador por conservar critério cabível nos remotos tempos em que as comunicações se resumiam na precariedade e na lentidão das viagens a cavalo.

Não há previsão de prazo menor para a prescrição da pretensão de reparação civil contra a Fazenda Pública, como havia no Código Civil de 1916. Se o fato também constitui ilícito penal, a prescrição da ação penal não influi na ação de reparação do dano, que tem seus próprios prazos de prescrição. Não se deve confundir o prazo especial de 2 anos do art. 206, § 2º, referente à prescrição da pretensão "para haver prestações alimentares". Esse prazo diz respeito às prestações alimentícias devidas em razão do parentesco, do casamento e da união estável, reguladas no direito de família, e não à indenização estipulada em forma de pensões periódicas em decorrência de ato ilícito e previstas nos arts. 948 e 950 do Código Civil (RTJ, 84:988), cujo não pagamento pode acarretar até a prisão do devedor.

Tendo em vista que a sentença penal condenatória constitui título executivo judicial (CC, art. 935; CPC, art. 515, VI; CPP, art. 63), prescreve o art. 200 do Código Civil que, quando "a ação se originar de fato que deva ser apurado no juízo criminal, não ocorrerá a prescrição antes da respectiva sentença definitiva".

O Código de Defesa do Consumidor distingue os prazos decadenciais dos prescricionais. Os primeiros são regulados no art. 26 e são: de 30 dias, tratando-se de fornecimento de serviço e de produto não duráveis (I); de 90 dias, tratando-se de fornecimento de serviço e de produto duráveis (II). A contagem do prazo decadencial inicia-se a partir da entrega efetiva do produto ou do término da execução dos serviços (§ 1º). Tratando-se de vício oculto, o prazo decadencial inicia-se no momento em que ficar evidenciado o defeito. Os prazos, tanto para os vícios aparentes como para os ocultos, são os mesmos. A diferença reside no momento em que passam a fluir. Para os ocultos é o instante em que o defeito ficar evidenciado, enquanto para os aparentes é o da entrega do produto ou do término da execução do serviço.

O prazo prescricional, porém, é único para todos os casos de acidente de consumo. Dispõe o art. 27 que a pretensão à reparação pelos danos causados por fato do produto ou do serviço prescreve em 5 anos, iniciando-se a contagem do prazo a partir do conhecimento do dano e de sua autoria. O art. 7º não exclui a aplicação das demais leis que disciplinem os prazos prescricionais, desde que sejam respeitados os princípios da lei consumerista, dentre eles o que estabelece a proteção do consumidor (art. 1º). Assim, a condição para a aplicação de outro prazo é que seja favorável ao consumidor.

A propósito da redução do prazo prescricional da pretensão de reparação civil, de 20 para 3 anos, e da retroatividade da lei prescricional, mostra-se oportuna a lição de Camara Leal: "Estabelecendo a nova lei um prazo mais curto de prescrição, essa começará a correr da data da nova lei, salvo se a prescrição iniciada na vigência da lei antiga viesse a completar-se em menos tempo, segundo essa lei, que, nesse caso, continuaria a regê-la, relativamente ao prazo" (*Prescrição e decadência*, 4. ed., Forense, p. 90, n. 67). O Código Civil estabeleceu, contudo, no livro complementar que trata "Das Disposições Finais e Transitórias", a seguinte regra: "Serão os da lei anterior os prazos, quando reduzidos por este Código, e se, na data de sua entrada em vigor, já houver transcorrido mais da metade do tempo estabelecido na lei revogada" (art. 2.028). O prazo continuará a ser o de 20 anos, portanto, e pelo período faltante, se, na data da entrada em vigor do diploma de 2002, já houver transcorrido lapso prescricional superior a 10 anos. Do contrário, incidirá e começará a fluir da referida data o novo prazo de 3 anos.

Quadro sinótico – As excludentes da responsabilidade civil

1. O estado de necessidade	O estado de necessidade é delineado pelos arts. 188, II, 929 e 930 do CC. Dispõe o primeiro não constituir ato ilícito "a deterioração ou destruição da coisa alheia, ou a lesão a pessoa, a fim de remover perigo iminente". E o parágrafo único completa: "No caso do inciso II, o ato será legítimo somente quando as circunstâncias o tornarem absolutamente necessário, não excedendo os limites do indispensável para a remoção do perigo". Embora a lei declare que o ato praticado em estado de necessidade não é ilícito, nem por isso libera quem o pratica de reparar o prejuízo que causou (art. 929), ressalvando-lhe o direito de mover ação regressiva contra o terceiro que criou a situação de perigo (art. 930).
2. A legítima defesa	O art. 188, I, do CC proclama que não constituem atos ilícitos "os praticados em legítima defesa ou no exercício regular de um direito reconhecido". Se o

2. A legítima defesa	ato foi praticado contra o próprio agressor, não pode o agente ser responsabilizado civilmente pelos danos provocados. Entretanto, se, por erro de pontaria, terceira pessoa foi atingida, deve o agente reparar o dano. Mas terá ação regressiva contra o agressor, para se ressarcir da importância desembolsada (art. 930, parágrafo único). A legítima defesa putativa também não exime o réu de indenizar o dano, pois somente exclui a culpabilidade e não a antijuridicidade do ato. Assim, somente a legítima defesa real, e praticada contra o agressor, deixa de ser ato ilícito, apesar do dano causado.
3. A culpa exclusiva da vítima	Quando o evento danoso acontece por culpa exclusiva da vítima, desaparece a responsabilidade do agente. Nesse caso, deixa de existir a relação de causa e efeito entre seu ato e o prejuízo experimentado pelo lesado. Em caso de culpa concorrente da vítima, a indenização será reduzida em proporção ao seu grau de culpa (art. 945).
4. O fato de terceiro	A culpa de terceiro não exonera o autor direto do dano do dever jurídico de indenizar. Se o motorista colide o seu carro com o que estava estacionado, de nada lhe adianta alegar que foi "fechado" por terceiro. Cabe-lhe indenizar o dano causado e depois mover ação regressiva contra este. Ressalva-se, no entanto, a hipótese de o fato de terceiro equiparar-se ao fortuito, como no caso, p. ex., em que dois veículos se encontram parados, um em frente do outro, aguardando a abertura do semáforo, e o segundo é colidido na traseira por um terceiro, sendo projetado contra a traseira do que lhe está à frente. Nesse caso, se o dono do primeiro veículo acionar o motorista do segundo, este poderá defender-se com sucesso, alegando o fato de terceiro, ou seja, que serviu de mero instrumento da ação do motorista imprudente. A responsabilidade contratual do transportador também, em regra, não é afastada por culpa de terceiro (do motorista que colide com o ônibus, p. ex.). Cabe-lhe indenizar o passageiro ferido no acidente e mover ação regressiva contra o terceiro (STF, Súmula 187; CC, art. 735). O transportador só pode alegar o fato de terceiro em caso de o dano decorrer de causa estranha ao transporte, como uma bala perdida, p. ex., ou mesmo um assalto à mão armada no interior do ônibus ou trem.
5. Caso fortuito e força maior	O caso fortuito geralmente decorre de fato ou ato alheio à vontade das partes: greve, motim, guerra. Força maior é a derivada de acontecimentos naturais: raio, inundação, terremoto. O art. 393 do CC não faz distinção, definindo-os da seguinte forma: "O caso fortuito ou de força maior verifica-se no fato necessário, cujos efeitos não era possível evitar ou impedir". A inevitabilidade é, pois, a sua principal característica. Ambos rompem o nexo de causalidade, afastando a responsabilidade do agente.
6. Cláusula de não indenizar	É o acordo de vontades que objetiva afastar as consequências da inexecução ou da execução inadequada do contrato. O CDC não admite sua estipulação nas relações de consumo (arts. 24 e 25). Nos contratos não regidos pelo diploma consumerista, a sua validade dependerá da observância de alguns requisitos: a) bilateralidade de consentimento; b) não colisão com

6. Cláusula de não indenizar	preceito de ordem pública; c) igualdade de posição das partes; d) inexistência do escopo de eximir o dolo ou a culpa grave do estipulante; e) ausência da intenção de afastar a obrigação inerente à função.
7. A prescrição	Prescrita a pretensão à reparação de danos, fica afastada qualquer possibilidade de recebimento da indenização. A obrigação de reparar o dano é de natureza pessoal. Contudo, a prescrição não ocorre no prazo legal de dez anos, do art. 205, porque o art. 206, que estipula prazos especiais, dispõe que prescreve em "três anos (...) a pretensão de reparação civil" (§ 3º, V). Não há previsão de prazo menor para a prescrição da pretensão de reparação civil contra a Fazenda Pública, como havia no CC/1916. No capítulo das disposições transitórias consta a seguinte regra: "Serão os da lei anterior os prazos, quando reduzidos por este Código, e se, na data de sua entrada em vigor, já houver transcorrido mais da metade do tempo estabelecido na lei revogada" (art. 2.028).

Livro IV
RESPONSABILIDADE CONTRATUAL

56 A RESPONSABILIDADE DO TRANSPORTADOR

56.1. O TRANSPORTE TERRESTRE

A responsabilidade do transportador pode ser apreciada em relação a seus empregados, em relação a terceiros e em relação aos passageiros. No tocante a terceiros, tornou-se ela objetiva, na modalidade do risco administrativo, com o advento do art. 37, § 6º, da Constituição Federal, pois referido dispositivo a estendeu às pessoas jurídicas de direito privado prestadoras de serviço público. O transporte coletivo é serviço público, transferido às empresas mediante concessão ou permissão.

Nesta parte da obra, será tratada especificamente a responsabilidade do transportador em relação ao passageiro, de natureza contratual e objetiva. No direito brasileiro, a fonte dessa responsabilidade encontra-se no Decreto n. 2.681, de 7 de dezembro de 1912, que regula a responsabilidade civil das estradas de ferro. Tal diploma, considerado avançado para a época em que foi promulgado, destinava-se a regular tão somente a responsabilidade civil das ferrovias. Entretanto, por ampliação jurisprudencial, teve sua aplicabilidade estendida a qualquer outro tipo de transporte: bondes, ônibus, táxis, lotações, automóveis etc.

O Decreto n. 2.681, no art. 17, contém, em si, implícita, a obrigação (denominada cláusula de incolumidade) de o transportador levar o passageiro são e salvo, e a mercadoria sem avarias, até o local de seu destino, obrigação essa tacitamente assumida pelo primeiro e só elidível pelo caso fortuito, força maior ou culpa exclusiva (não concorrente) da vítima ou, ainda, por fato exclusivo de terceiro. É mister lembrar que, sendo o transporte um contrato de adesão, a vítima que não chegou incólume a seu destino porque sofreu dano no trajeto não está obrigada a provar a culpa do transportador. Basta provar o fato do transporte e o dano para que se caracterize a responsabilidade deste pelo inadimplemento contratual. Entretanto, tomando-se como fundamento dessa responsabilidade o Decreto n. 2.681, de 1912, não haverá redução da indenização em caso de culpa concorrente, porque só admite o referido diploma a exclusão da responsabilidade do transportador por culpa do viajante, não concorrendo culpa daquele.

O Código de Defesa do Consumidor, em vigor desde 11 de março de 1991, trouxe profundas modificações à ordem jurídica nacional, estabelecendo um conjunto sistemático de normas, de naturezas diversificadas, mas ligadas entre si por terem como suporte uma relação jurídica básica, caracterizada como uma relação de consumo. É fora de dúvida que o fornecimento de transportes em geral é atividade abrangida pelo aludido diploma, por constituir modalidade de prestação de serviço. No tocante à responsabilidade civil do transportador, dois aspectos merecem destaque: 1º) a criação de uma responsabilidade objetiva semelhante à do Decreto n. 2.681, de 1912; 2º) a inexistência de limitação para a indenização, não havendo mais lugar para a chamada indenização tarifada.

A incidência do Código de Defesa do Consumidor nos casos de acidentes ocorridos por ocasião do transporte de passageiros não ficou prejudicada pela entrada em vigor do Código Civil. Dispõe este, no art. 731, que "o transporte exercido em virtude de autorização, permissão ou concessão, rege-se pelas normas regulamentares e pelo que for estabelecido naqueles atos, sem prejuízo do disposto neste Código". E o art. 732 ressalva a aplicabilidade da legislação especial aos contratos de transporte em geral, desde que não contrarie as disposições do aludido estatuto civil. Da mesma forma, dispõe o art. 593 do mesmo diploma que "a prestação de serviço, que não estiver sujeita às leis trabalhistas ou à lei especial, reger-se-á pelas disposições deste Capítulo".

Não há incompatibilidade entre o Código Civil e o Código de Defesa do Consumidor, visto que ambos adotam a responsabilidade objetiva do transportador, só elidível mediante a prova de culpa exclusiva da vítima, do caso fortuito e da força maior, ou do fato exclusivo de terceiro, porque tais excludentes rompem o nexo de causalidade.

Malgrado não sejam todas mencionadas expressamente nos referidos diplomas, não podem deixar de ser aceitas como excludentes da responsabilidade do transportador, por afastarem, como mencionado, o nexo causal.

Tendo em vista que o art. 17 do Código de Defesa do Consumidor equiparou ao consumidor todas as vítimas de acidentes de consumo, ainda que estranhas a uma relação contratual, a divisão da responsabilidade civil em contratual e extracontratual perdeu sua razão de ser, pois a responsabilidade nas relações de consumo ficou submetida a uma disciplina única, tendo por fundamento, em qualquer hipótese, o defeito do produto ou serviço que venha ocasionar acidente de consumo. O fundamento dessa responsabilidade passou a ser a relação de consumo, contratual ou não. Também o fato gerador deixou de ser o descumprimento da cláusula de incolumidade, deslocando-se para o vício ou defeito do serviço. O fornecedor de serviços, segundo dispõe o art. 14 do Código de Defesa do Consumidor, "responde, independentemente da existência de culpa, pela reparação dos danos causados aos consumidores por defeitos relativos à prestação de serviços", e "só não será responsabilizado quando provar: I – que, tendo prestado o serviço, o defeito inexiste; II – a culpa exclusiva do consumidor ou de terceiro" (§ 3º).

A culpa concorrente do consumidor não foi considerada excludente da responsabilidade, nem causa de redução da indenização, sendo indiferente, pois, no sistema da legislação consumerista, que o passageiro tenha contribuído também com culpa. Contudo, o Código Civil veio modificar essa situação, malgrado tenha mantido a responsabilidade objetiva do transportador e proibido qualquer cláusula de não indenizar (art. 734). Com efeito, ao tratar dos deveres do passageiro, dispôs o art. 738 que deve este sujeitar-se às normas estabelecidas pelo transportador, aduzindo, no parágrafo único: "Se o prejuízo sofrido pela pessoa transportada for atribuível à transgressão de normas e instruções regulamentares, o juiz reduzirá equitativamente a indenização, na medida em que a vítima houver concorrido para a ocorrência do dano". Verifica-se, assim, que a culpa concorrente da vítima constitui causa de redução do montante da indenização pleiteada, em proporção ao grau de culpa comprovado nos autos. No capítulo específico da "Responsabilidade Civil", esse princípio já havia sido adotado, *verbis*: "Se a vítima tiver concorrido culposamente para o evento danoso, a sua indenização será fixada, tendo-se em conta a gravidade de sua culpa em confronto com a do autor do dano" (CC, art. 945).

O Código Civil disciplinou o contrato de transporte em capítulo próprio (Capítulo XIV do Título VI), dividindo-o em três seções, intituladas: "Disposições Gerais", "Do Transporte de Pessoas" e "Do Transporte de Coisas" (arts. 730 a 756). Com relação ao transporte de pessoas, prescreve o art. 734: "O transportador responde pelos danos causados às pessoas transportadas e suas bagagens, salvo motivo de força maior, sendo nula qualquer cláusula excludente da responsabilidade". Embora não mencionadas expressamente, devem ser admitidas também as excludentes da culpa exclusiva da vítima e do fato exclusivo de terceiro, por extinguirem o nexo de causalidade, como já mencionado. Preceitua, ainda, o art. 735: "A responsabilidade contratual do transportador por acidente com o passageiro não é elidida por culpa de terceiro, contra o qual tem ação regressiva".

A partir do momento em que um indivíduo acena para um veículo de transporte público, já o contrato teve início, diante da oferta permanente em que se encontra o veículo em trânsito. A responsabilidade pela integridade da pessoa do passageiro só se inicia, porém, a partir do momento em que esse mesmo passageiro incide na esfera da direção do transportador. Segue-se que o próprio ato de o passageiro galgar o veículo já o faz entrar na esfera da obrigação de garantia. Observa-se que a responsabilidade contratual do transportador pressupõe a formação de um contrato de transporte, de modo que afasta essa responsabilidade quando se trata de passageiro clandestino. No caso das estradas de ferro, a responsabilidade do transportador tem início quando o passageiro passa pela roleta e ingressa na estação de embarque. Daí por diante, estará sob a proteção da cláusula de incolumidade, hoje substituída pela responsabilidade decorrente do vício ou defeito do serviço, respondendo a ferrovia pelos acidentes ocorridos com o passageiro ao subir ou descer do trem, por escorregar ou ser empurrado. Só não será responsabilizada se o dano decorrer de fato exclusivo de terceiro, estranho ao transporte.

Em certos meios de transporte distingue-se perfeitamente o momento da celebração do contrato e o de sua execução. Nas viagens aéreas, por exemplo, é comum a passagem ser comprada com antecedência. Nesses casos, a responsabilidade do transportador só terá início com a execução da avença. No transporte rodoviário, tendo em vista que a estação não pertence à transportadora, a execução se inicia somente com o embarque do passageiro, e só termina com o desembarque. Se o passageiro vem a se ferir em razão de queda ocorrida durante o embarque, porque o ônibus movimentou-se abruptamente, configura-se a responsabilidade do transportador, porque já se iniciara a execução do contrato. Do mesmo modo se a queda ocorrer por ocasião do desembarque.

O transporte de bagagem em ônibus é regulado pelo Decreto n. 68.961/71, que trata do transporte coletivo de passageiros em nível internacional e interestadual, mas vem sendo aplicado, também, ao transporte intermunicipal (cf. *JTACSP*, 106:42). A indenização, em caso de extravio de bagagem, é limitada a dois salários mínimos (art. 33). Para cobertura maior, exige-se prévia declaração do excesso e pagamento de prêmio extra de seguro pelo passageiro. Já se decidiu, no entanto, que, em face do Código de Defesa do Consumidor, que não prevê indenização tarifada, a indenização deve ser completa se houver prova dos valores transportados na bagagem, aceita pelo transportador, que se obriga necessariamente a garantir a segurança do bem, admitindo-se a inversão do ônus da prova para proteger o consumidor, como parte vulnerável das relações de consumo (*RT*, 697:140).

O transporte de bagagem é acessório do contrato de transporte de pessoa. O viajante, ao comprar a passagem, adquire o direito de transportar consigo sua bagagem. Ao mesmo tempo, o transportador assume, tacitamente, a obrigação de efetuar esse transporte. Se houver excesso de peso ou de volume, poderá ser cobrado um acréscimo. Dispõe o parágrafo único do art. 734 do Código Civil que é lícito ao transportador "exigir a declaração do valor da bagagem a fim de fixar o limite da indenização". Nesse caso, o valor declarado determina o montante da indenização. Poderá o transportador exigir o pagamento de prêmio extra de seguro, para a necessária cobertura de valores elevados.

56.2. O TRANSPORTE AÉREO

O transporte aéreo divide-se em nacional e internacional. O primeiro é disciplinado pelo Código Brasileiro de Aeronáutica (Lei n.

7.565, de 19-12-1986). O transporte aéreo internacional é regulado pela Convenção de Varsóvia, de 12 de outubro de 1929, ratificada por inúmeros países e parcialmente alterada por emendas introduzidas pelo Protocolo de Haia, de 28 de setembro de 1955. Referida Convenção foi recebida no ordenamento jurídico nacional pelo Decreto n. 20.704, de 24-11-1931.

O Código Brasileiro de Aeronáutica disciplina o transporte aéreo realizado exclusivamente dentro do território nacional e foi elaborado à luz dos preceitos estatuídos na Convenção de Varsóvia. Segundo se tem entendido, abraçou a teoria objetiva, visto que impôs responsabilidade ao transportador como decorrência do risco de sua atividade, somente podendo exonerar-se nas hipóteses expressamente previstas em lei. A presunção de responsabilidade só pode ser elidida "se a morte ou lesão resultar, exclusivamente, do estado de saúde do passageiro, ou se o acidente decorrer de sua culpa exclusiva" (art. 256, § 1º, *a*). Não há referência a fortuito interno ou externo, nem a fato exclusivo de terceiro. Dispõe, ainda, o mencionado art. 256 que a responsabilidade do transportador aéreo se estende aos passageiros gratuitos, que viajarem por cortesia, e aos tripulantes, diretores e empregados que viajarem na aeronave acidentada, sem prejuízo de eventual indenização por acidente de trabalho (§ 2º, *a* e *b*). É objetiva a responsabilidade do proprietário da aeronave por danos causados a pessoas em terra por coisas que dela caírem, ou lançadas por necessidade de aliviar o peso. Mesmo em caso de força maior o proprietário é responsável, e o cálculo da indenização está sujeito ao direito comum (*RT*, 543:108).

O art. 269 do Código Brasileiro de Aeronáutica, que limita a responsabilidade das empresas aéreas pelos danos causados a terceiros, perdeu eficácia a partir da entrada em vigor da Constituição Federal de 1988, que estendeu a responsabilidade objetiva, atribuída ao Estado, às pessoas jurídicas de direito privado prestadoras de serviços públicos, pelos danos que seus agentes, nessa qualidade, causarem a terceiros (art. 37, § 6º), sem estabelecer qualquer limite para a indenização. Assim como não há limite para a responsabilidade civil do Estado, igualmente não há lugar para a das concessionárias e permissionárias de serviços públicos, que emana da mesma fonte. A perda de eficácia do aludido dispositivo foi reafirmada com a promulgação do Código de Defesa do Consumidor. Em caso de dolo ou culpa grave, o art. 248

do citado Código Brasileiro de Aeronáutica já afastava a responsabilidade limitada do explorador da atividade aérea ou de seus prepostos. O transportador responde pelo atraso no transporte aéreo, indenizando o passageiro que tinha confirmação de reserva.

A Convenção de Varsóvia estabelece responsabilidade subjetiva, com culpa presumida, do transportador aéreo, ao afirmar que responde "o transportador pelo dano ocasionado por morte, ferimento ou qualquer outra lesão corpórea sofrida pelo viajante, desde que o acidente, que causou o dano, haja ocorrido a bordo da aeronave, ou no curso de quaisquer operações de embarque ou desembarque" (art. 17), aduzindo que o transportador não será responsável "se provar que tomou, e tomaram os seus prepostos, todas as medidas necessárias para que se não produzisse o dano, ou que lhes não foi possível tomá-las" (art. 20, n. I). O que se tem observado, contudo, é que os tribunais, interpretando mencionados dispositivos, têm atribuído responsabilidade objetiva ao transportador, não elidível nem pela força maior.

Referida Convenção disciplina o transporte aéreo internacional, assim considerando aquele cujos pontos de partida e de destino, haja ou não interrupção de transporte ou baldeação, estejam situados em um dos países signatários. Não se tratando de voo doméstico, torna-se inaplicável o Código Brasileiro de Aeronáutica. É da competência exclusiva da Justiça brasileira processar e julgar ações oriundas de contrato de transporte aéreo internacional, quando no bilhete de transporte figura o Brasil como ponto de destino, aplicando-se à hipótese o art. 28 da Convenção de Varsóvia.

O Superior Tribunal de Justiça vinha decidindo que subsistem as normas constantes da referida Convenção, que preveem indenização tarifada, ainda que disponham diversamente do contido no Código de Defesa do Consumidor, que não estabelece nenhuma limitação indenizatória (cf. RT, 731:216). A limitação da indenização se dava, contudo, somente em relação ao ressarcimento do dano material, pois o Supremo Tribunal Federal decidiu que "o fato de a Convenção de Varsóvia revelar, como regra, a indenização tarifada por danos materiais não exclui a relativa aos danos morais. Configurados esses pelo sentimento de desconforto, de constrangimento, aborrecimento e humilhação decorrentes de extravio de mala, cumpre observar a Carta Política da República – incisos V e X do artigo 5º, no que se sobrepõe a tratados e convenções ratificados pelo Brasil" (*RT*, 740:205). Posteriormente, contudo, o Superior Tribunal de Justiça passou a decidir que a responsabilidade do transportador, por se tratar de relação de consumo, não é limitada, mesmo por danos materiais, subordinando-se ao princípio da ampla reparação previsto no Código de Defesa do Consumidor, afastada, nesse particular, a aplicação do Código Brasileiro de Aeronáutica e da Convenção de Varsóvia (cf. *RSTJ*, 143:274; REsp 209.527-RJ, 3ª T., *DJU*, 15 dez. 2000; REsp 258.132-0-SP, 4ª T., *DJU*, 28 nov. 2000).

O transportador responde pelo atraso no transporte aéreo, indenizando o passageiro que tinha confirmação de reserva, salvo motivo de força maior (CC, art. 737). Desse modo, a companhia aérea que presta serviço de transporte de passageiros deve indenizá-los por prática de *overbooking*, como decidiu o Tribunal de Justiça de São Paulo: "Configurado o inadimplemento contratual e o defeito do serviço prestado pela transportadora, consistente na prática de *overbooking*, e não caracterizada nenhuma excludente de sua responsabilidade, de rigor o reconhecimento da responsabilidade e a condenação da ré na obrigação de indenizar os autores pelos danos decorrentes do ilícito em questão" (Ap. 0001146-94.2013.8.26.0269, 38ª Câm. Dir. Privado, rel. Des. Flávio Cunha da Silva, j. 29-1-2014). O transportador não pode recusar passageiros, salvo os casos previstos nos regulamentos, ou se as condições de higiene ou de saúde do interessado o justificarem (art. 739). Por sua vez, o passageiro tem direito a rescindir o contrato de transporte antes de iniciada a viagem, sendo-lhe devida a restituição do valor da passagem, desde que feita a comunicação ao transportador em tempo de ser renegociado (art. 740). O usuário que deixar de embarcar não terá direito ao reembolso do valor da passagem, salvo se provado que outra pessoa foi transportada em seu lugar, caso em que lhe será restituído o valor do bilhete não utilizado, tendo o transportador o direito de reter até cinco por cento da importância a ser restituída, a título de multa compensatória (art. 740, §§ 2º e 3º).

56.3. O TRANSPORTE GRATUITO

O transporte gratuito é também denominado contrato benévolo ou de cortesia. Não se pode, entretanto, afirmar que o transporte é totalmente gratuito quando o transportador, embora nada cobrando, tem algum interesse no transporte do passageiro. É o que acontece, por exemplo, com o vendedor de automóveis, que conduz o comprador para lhe mostrar as qualidades do veículo, e com o corretor de imóveis, que leva o interessado a visitar diversas casas e terrenos à venda. Tais hipóteses não configuram contratos verdadeiramente gratuitos, devendo ser regidas pelos critérios aplicáveis aos contratos onerosos.

No tocante à responsabilidade do transportador, muito se tem discutido se ela, nos casos de danos sofridos pelo passageiro no curso de transporte tipicamente gratuito, é contratual ou extracontratual. A tese contratualista sem restrições, com presunção de culpa, como se dá no transporte oneroso, com cláusula ínsita de incolumidade, mostra-se injusta para com o motorista que faz uma cortesia. Por essa razão, o Superior Tribunal de Justiça adotara, na vigência do Código Civil de 1916, a tese contratualista com responsabilidade atenuada pelo art. 1.057 (correspondente ao art. 392 do diploma de 2002), que exigia prova de culpa grave ou dolo do transportador, e não conferia ao passageiro direito a indenização em caso de culpa leve ou levíssima. Tal entendimento foi cristalizado na Súmula 145 da referida Corte: "No transporte desinteressado, de simples cortesia, o transportador só será civilmente responsável por danos causados ao transportado quando incorrer em dolo ou culpa grave".

Malgrado tal orientação, que uniformizava a jurisprudência, manifestamos, na ocasião, opinião diversa, no sentido de que a tese da responsabilidade aquiliana, extracontratual, fundada no art. 159 do Código Civil então em vigor (correspondente ao art. 186 do atual diploma), era a que melhor se ajustava ao chamado transporte benévolo ou de cortesia. A culpa do motorista, segundo nosso entendimento, deveria ser demonstrada, não ficando este exonerado em caso de culpa leve ou levíssima. A aplicação do referido art. 1.057 à hipótese colocava o viajante de favor em situação pior do que a do pedestre que viesse a ser atropelado pelo mesmo motorista. A circunstância de o condutor atender a pedido do carona, para que o transporte seja feito gratuitamente, não exclui a obrigação de indenizar. O homem cortês não está isento de causar danos, até no exercício de sua amabilidade, porque a cortesia não é incompatível com a negligência ou a imprudência. Havendo culpa, em qualquer de suas modalidades (grave, leve ou levíssima), tanto basta para que sua responsabilidade seja exigível.

O Código Civil define o contrato de transporte como aquele pelo qual "alguém se obriga, mediante retribuição, a transportar, de um lugar para outro, pessoas ou coisas" (art. 730). Logo adiante, preceitua: "Art. 736. Não se subordina às normas do contrato de transporte o feito gratuitamente, por amizade ou cortesia. Parágrafo único. Não se considera gratuito o transporte quando, embora feito sem remuneração, o transportador auferir vantagens indiretas".

Percebe-se claramente, pela leitura dos aludidos dispositivos, a adoção da responsabilidade extracontratual, como vínhamos defendendo, no transporte puramente gratuito ou desinteressado; e a da contratual, com a cláusula de garantia, no transporte aparentemente gratuito, mas que proporciona vantagens indiretas ao transportador.

57 A RESPONSABILIDADE CIVIL DAS INSTITUIÇÕES BANCÁRIAS

A responsabilidade dos bancos pode ser contratual (na relação com seus clientes) e aquiliana (danos a terceiros, não clientes). Os casos mais frequentes dizem respeito à responsabilidade contratual, oriunda do pagamento de cheques falsificados. Nesse particular, tem prevalecido o entendimento de Aguiar Dias: "O depósito bancário é, com efeito, considerado depósito irregular de coisas fungíveis. Neste, os riscos da coisa depositada correm por conta do depositário, porque lhe são aplicáveis as disposições acerca do mútuo (CC de 1916, art. 1.280). Na ausência de culpa de qualquer das partes, ao banco toca suportar os prejuízos. Assumir o risco é, na hipótese, o mesmo que assumir a obrigação de vigilância, garantia, ou segurança sobre o objeto do contrato" (*Da responsabilidade*, cit., v. 1, n. 150-A).

A propósito, dispõe a Súmula 28 do Supremo Tribunal Federal: "O estabelecimento bancário é responsável pelo pagamento de cheque falso, ressalvadas as hipóteses de culpa exclusiva ou concorrente do correntista". Assim, não havendo culpa de ninguém, mas apenas habilidade do falsário, o banco deve responder civilmente e ressarcir o cliente, pois o dinheiro utilizado foi o seu. O cliente é, no caso, apenas um terceiro. O crime de falsidade foi dirigido contra o banco. Segundo referida súmula, a responsabilidade do banco pode ser diminuída, em caso de culpa concorrente do cliente, ou excluída, se a culpa for exclusivamente da vítima.

No entanto, com a entrada em vigor do Código de Defesa do Consumidor (Lei n. 8.078/90), os bancos em geral, como prestadores de serviços, passaram a responder pelo pagamento de cheque falso mesmo em caso de culpa concorrente do correntista, pois referido diploma somente admite a exclusão da responsabilidade do fornecedor em caso de culpa exclusiva do consumidor ou de terceiro (art. 14, § 3º). Contudo, essa situação se modificou, porque o Código Civil determina expressamente, no art. 945, que o juiz leve em conta eventual culpa concorrente da vítima, reduzindo a indenização por esta pleiteada, em proporção da gravidade de sua culpa, confrontada com a do autor do dano. Em seu art. 3º, § 2º, o Código de Defesa do Consumidor incluiu expressamente a atividade bancária, financeira, de crédito e securitária no conceito de serviço. Desse modo, a responsabilidade contratual dos bancos é objetiva, nos moldes do art. 14 do referido Código. Respondem, independentemente de culpa, pela reparação dos danos causados a seus clientes, por defeitos decorrentes dos serviços que lhes prestam.

Malgrado a resistência das referidas instituições em se sujeitar às normas do Código de Defesa do Consumidor, sustentando que nem toda atividade que exercem (empréstimos, financiamentos, poupança etc.) se encontra sob sua égide, o Superior Tribunal de Justiça não vem admitindo qualquer interpretação restritiva ao aludido § 2º do art. 3º, afirmando que a expressão natureza bancária, financeira e de crédito nele contida não comporta que se afirme referir-se apenas a determinadas operações de crédito ao consumidor. Os bancos, como prestadores de serviços especialmente contemplados no mencionado dispositivo, estão submetidos às disposições do Código do Consumidor. A circunstância de o usuário dispor do bem recebido através da operação bancária, transferindo-o a terceiros, em pagamento de outros bens ou serviços, não o descaracteriza como consumidor de serviços prestados pelo banco (REsp 57.974-0-RS, 4ªT., rel. Min. Ruy Rosado).

Nessa linha, dispõe a Súmula 297 da aludida Corte: "O Código de Defesa do Consumidor é aplicável às instituições financeiras". Idêntica posição assumiu o Supremo Tribunal Federal no julgamento da ADI 2.591, realizado em 4 de maio de 2006, proclamando que as instituições financeiras se submetem às regras do Código de Defesa do Consumidor.

Tem decidido o Superior Tribunal de Justiça que, embora os negócios bancários estejam sujeitos ao Código do Consumidor, inclusive quanto aos juros moratórios, "a abusividade destes, todavia, só pode ser declarada, caso a caso, à vista de taxa que comprovadamente discrepe, de modo substancial, da média do mercado na praça do empréstimo, salvo se justificada pelo risco da operação" (REsp 736.354-RS, 3ª T., rel. Min. Ari Pargendler, *DJU*, 6 fev. 2006). Esse entendimento cristalizou-se na Súmula 381, do seguinte teor: "Nos contratos bancários, é vedado ao julgador conhecer, de ofício, da abusividade das cláusulas".

Arnoldo Wald menciona que, pela própria natureza dos serviços prestados pela instituição financeira, impõe-se "a sua responsabilidade objetiva pelos mesmos motivos por que se estabeleceu a do Estado, que mereceu até ser consagrada constitucionalmente. Na realidade, sendo impossível ao cliente conhecer a vida interna da instituição financeira, pelo grau de complexidade que alcançou, justifica-se que esta responda objetivamente pelos danos causados, com base na teoria da culpa do serviço, consolidada e consagrada no campo do Direito Público" (*RT*, 595:40). Respondem, ainda, os bancos por informação falsa, dada a cliente, sobre a idoneidade financeira da pessoa com quem aquele vem a negociar (*RT*, 410:378).

A Lei n. 7.102, de 20 de junho de 1983, obriga as instituições financeiras a garantir a segurança de todas as pessoas, clientes ou não, que procuram as suas agências, mediante sistema aprovado pelo Banco Central, que inclui, dentre outros requisitos, a presença de vigilantes, a colocação de alarmes e outros equipamentos eletrônicos e de filmagens, bem como artefatos que retardem e dificultem a ação de assaltantes.

Verifica-se, desse modo, que a lei, tendo em vista os riscos inerentes à atividade bancária, impôs às instituições financeiras um dever de segurança às pessoas que utilizam os seus serviços. Não podem se eximir da responsabilidade alegando força maior, por ser o roubo fato previsível na atividade bancária. Assim decidiu o Superior Tribunal de

Justiça, reconhecendo a responsabilidade do banco por roubo ocorrido no interior da agência, "por ser a instituição financeira obrigada por lei a tomar todas as cautelas necessárias a assegurar a incolumidade dos cidadãos"(REsp 227.364-AL).

O Tribunal de Justiça do Rio de Janeiro reconheceu a responsabilidade dos bancos nos casos conhecidos como "saidinha bancária", em que a vítima, que fez um saque de numerário, é escolhida por "olheiros", que transmitem a informação aos comparsas postados fora da agência. Estes seguem a vítima até local que permita a abordagem, muitas vezes nas imediações do estabelecimento bancário, para roubar-lhe o dinheiro (Ap. 2009.001.49066). No tocante à responsabilidade dos bancos pelo roubo de bens depositados em seus cofres, acórdão publicado na *RJTJSP*, 122:377, condenou instituição financeira a indenizar cliente cujas joias e valores foram furtados de cofre alugado, reconhecendo a responsabilidade da empresa guardadora por existir a possibilidade de a depositante possuir joias e valores, dada sua posição socioeconômica, roborado o fato por prova testemunhal idônea. No mesmo sentido aresto publicado na *RT*, 676:151: "O banco é civilmente responsável, no caso de subtração de valores, guardados em cofres-fortes, alugados a seus clientes. A cessão do uso do compartimento envolve uma particular prestação de proteção e segurança". Considerou-se inválida a cláusula de não indenizar, porque excludente de obrigação essencial do contrato, qual seja, a de guardar o local dos cofres e implicitamente seu conteúdo. Quanto aos danos e tendo em vista os princípios da liberdade probatória e da presunção de boa-fé, conjugados à extrema dificuldade da prova do conteúdo do cofre, foram aceitas declarações da lesada, informações de seu joalheiro há 15 anos, depoimentos de um provecto amigo e a avaliação indireta.

58 A RESPONSABILIDADE DOS MÉDICOS, HOSPITAIS E DENTISTAS

Em acréscimo ao já exposto no n. 45, *retro*, anota-se que, se o erro médico ocorrer em hospital público, a responsabilidade será do Estado, com fundamento no art. 37, § 6º, da Constituição Federal, respondendo o profissional, se provada sua culpa, em ação regressiva que contra ele pode mover a Administração.

Ao prejudicado incumbe a prova de que o profissional agiu com culpa, a teor do estatuído nos arts. 951 do Código Civil e 14, § 4º, do Código de Defesa do Consumidor. A prova da negligência e da imperícia constitui, na prática, verdadeiro tormento para as vítimas do desmazelo e do despreparo profissional. Na maioria dos casos, os pedidos de indenização são denegados, por falta de prova de culpa, que acaba dependendo dos relatórios de enfermagem e das anotações e prescrições médicas, bem como de laudos de peritos médicos que podem estar inconscientemente dominados pelo *esprit de corps*. Sendo o médico, no entanto, prestador de serviço, sua responsabilidade, embora subjetiva, está sujeita à disciplina do Código de Defesa do Consumidor, que permite ao juiz inverter o ônus da prova em favor do consumidor (art. 6º, VIII). Deve ser lembrado, ainda, que a hipossuficiência nele mencionada não é apenas econômica, mas precipuamente técnica. O profissional médico encontra-se, sem dúvida, em melhores condições de trazer aos autos os elementos probantes necessários à análise de sua responsabilidade.

O médico responde não só por fato próprio como pode vir a responder por fato danoso praticado por terceiros que estejam diretamente sob suas ordens. Assim, por exemplo, presume-se a culpa do médico que mandou enfermeira aplicar determinada injeção de que resultou paralisia no braço do cliente. Dentro de uma equipe, em princípio, é o médico-chefe quem se presume culpado pelos danos que acontecem, pois é ele quem está no comando dos trabalhos e só sob suas ordens é que são executados os atos necessários ao bom desempenho da intervenção. Mas a figura do anestesista é, nos dias atuais, de suma importância não só dentro da sala de operação, mas também no período pré e pós-operatório. Dessa forma, não pode mais o operador-chefe ser o único responsável por tudo o que aconteça antes, durante e após uma intervenção cirúrgica. Sua responsabilidade vai depender do exame do caso concreto. Fora de dúvida é a existência de responsabilidade autônoma do anestesista no pré e pós-operatório. A divergência ainda remanesce no caso de responsabilidade do anestesista dentro da sala de operação e sob o comando do cirurgião, podendo nesse caso a responsabilidade ser dividida entre os dois: cirurgião e anestesista. Confira-se, a propósito: "Ação de indenização. Erro médico. Responsabilidade solidária do cirurgião (culpa *in eligendo*) e do anestesista reconhecida" (STJ, REsp 53.104-7-RJ, 3ª T., j. 4-3-1997).

Tem-se entendido que, nos casos de cirurgia plástica, inverte-se o ônus da prova. Confira-se: "A cirurgia estética é uma obrigação de resultado, pois o contratado se compromete a alcançar um resultado específico, que constitui o cerne da própria obrigação, sem o que haverá a inexecução desta. Nessas hipóteses, há a presunção de culpa, com inversão do ônus da prova. O uso da técnica adequada na cirurgia estética não é suficiente para isentar o médico da culpa pelo não cumprimento de sua obrigação" (STJ, REsp 1.395.254, 3ª T., rel. Min. Nancy Andrighi, j. 15-10-2013).

No tocante aos atos dos auxiliares e enfermeiros, é preciso distinguir entre os danos cometidos por aqueles que estão diretamente sob as ordens do cirurgião, ou os destacados especialmente para servi-lo, daqueles cometidos por funcionários do hospital. No primeiro caso, o cirurgião responderá. No segundo, a culpa deverá ser imputada ao hospital, a menos que a ordem tenha sido mal dada ou que tenha sido executada sob a fiscalização do médico-chefe, como, por exemplo, injeção aplicada diante do médico (Teresa Ancona Lopes et al., *Responsabilidade civil*, São Paulo, Saraiva, p. 316-8).

Se o médico tem vínculo empregatício com o hospital, integrando sua equipe médica, responde objetivamente a casa de saúde, como prestadora de serviços, nos termos do art. 14, *caput*, do Código do Consumidor. No entanto, se o profissional apenas utiliza o hospital para internar seus pacientes particulares, responde com exclusividade por seus erros, afastada a responsabilidade do estabelecimento. Já se decidiu que "a empresa locadora direta de serviços médico-hospitalares, credenciando médicos e nosocômios para suprir as deficiências de seus próprios serviços, compartilha da responsabilidade civil dos profissionais e hospitais que seleciona". Na hipótese, reconheceu-se a responsabilidade solidária da operadora de plano de saúde e do hospital credenciado (TJSP, Ap. 67.929-4-SP, j. 16-3-1999). Estão também sujeitos à disciplina do referido Código, com responsabilidade objetiva e de resultado, os laboratórios de análises clínicas, bancos de sangue e centros de exames radiológicos, como prestadores de serviços.

No que tange aos cirurgiões-dentistas, embora em alguns casos se possa dizer que sua obrigação é de meio, na maioria das vezes apresenta-se como obrigação de resultado. Isso porque os processos de tratamento são mais regulares e restritos. A sintomatologia, o diagnóstico e a terapêutica são muito mais definidos e é mais fácil para o profissional comprometer-se a curar. A obrigação de resultado torna-se mais evidente quando se trata de colocação de jaqueta, de implante de dentes e de colocação de aparelho corretivo, em que existe uma preocupação estética de parte do cliente. Assim se tem decidido, com efeito: "Indenização. Prestação de serviço. Tratamento odontológico. Problema estético. Obrigação de resultado. Imperícia comprovada. Responsabilidade evidenciada" (TAMG, Ap. 267.169-4-Belo Horizonte, 3ª Câm., j. 25-11-1998).

Em alguns casos somente o exame do caso concreto pode definir se a obrigação assumida pelo dentista é de meio (de cura) ou de resultado (de natureza estética). São válidos para os dentistas os comentários *retro* a respeito da responsabilidade dos médicos e dos profissionais em geral em face do Código de Defesa do Consumidor.

59 A RESPONSABILIDADE DOS ADVOGADOS

Estatui o art. 32 do Estatuto da Ordem dos Advogados (Lei n. 8.906, de 1994) que "o advogado é responsável pelos atos que, no exercício profissional, praticar com dolo ou culpa". Estabeleceu, pois, a responsabilidade aquiliana ou clássica, fixada como regra no Código Civil. O § 4º do art. 14 do Código de Defesa do Consumidor, por sua vez, preceitua que "a responsabilidade pessoal dos profissionais liberais será apurada mediante a verificação de culpa".

O advogado não é oficial público, como acontece na França, onde a função do advogado representa um *munus* público, a quem a lei impõe determinados deveres. Assim, sua responsabilidade, em nosso direito, é puramente contratual, salvo os casos de assistência judiciária e aqueles em que atua como defensor público ou procurador de entidades públicas, quando respondem estas pelos danos que causar a terceiros, de acordo com as normas que disciplinam a responsabilidade do Estado. A responsabilidade do advogado assemelha-se à do médico, pois não assume ele a obrigação de sair vitorioso na causa. São obrigações de meio as decorrentes do exercício da advocacia, e não de resultado. Suas obrigações contratuais, de modo geral, consistem em defender os interesses das partes em juízo pela melhor forma possível e dar-lhes conselhos profissionais. Se as obrigações de meio são executadas proficientemente, não se lhe pode imputar nenhuma responsabilidade pelo insucesso da causa (*RJTJSP*, 68:45).

O advogado responde pelos erros de fato e de direito cometidos no desempenho do mandato. Quanto aos últimos, é necessário que o erro em si se revista de gravidade para conduzir à responsabilidade do advogado, como a desatenção à jurisprudência corrente, o desconhecimento de texto expresso de lei de aplicação frequente ou cabível no caso, a interpretação abertamente absurda, a perda de prazo etc. O advogado é o primeiro juiz da causa. A propositura de uma ação requer estudo prévio das possibilidades de êxito e eleição da via adequada. Amiúde se percebe que a pretensão deduzida seria atendível. Mas, escolhida mal a ação, o autor, embora com o melhor direito, torna-se sucumbente. É fora de dúvida que o profissional incompetente deve ser responsabilizado, nesses casos, pelos prejuízos acarretados ao cliente.

Não se deve exigir que o advogado recorra sempre. Só se admite sua responsabilidade quando haja probabilidade de reforma da sentença de que deveria ter recorrido, cabendo ao cliente a prova de que tal aconteceria. Incorre, no entanto, em responsabilidade se deixa de recorrer, contrariando os desejos manifestados pelo cliente. A desobediência às instruções do cliente sempre pode acarretar a responsabilidade do advogado, já que tem ele o direito de renunciar ao mandato, se com elas não concordar. É muito comum, hoje, tais profissionais agruparem-se em torno de empresas prestadoras de serviços, ou seja, de sociedades de advogados. A exceção ao princípio da responsabilidade objetiva aplica-se apenas ao próprio profissional liberal, não se estendendo às pessoas jurídicas que integre ou para as quais preste serviço.

Aspecto relevante no estudo da responsabilidade civil do advogado é o que diz respeito à sua desídia ou ao retardamento na propositura de uma ação judicial. Utiliza-se, nesses casos, a expressão "perda de uma chance", simbolizando a perda, pela parte, da oportunidade de obter, no Judiciário, o reconhecimento e a satisfação íntegra ou completa de seus direitos. O advogado que, por exemplo, não apresenta recurso e ajuíza ação apenas depois do prazo prescricional deve pagar pelos danos materiais gerados ao cliente (TJDF, Proc. 20.110.111.472.425, 5ª Câm. Cív., rel. Des. João Egmont, j. 23-7-2014).

No tocante às ofensas irrogadas em juízo, tem-se decidido: "Advogado. Inviolabilidade profissional. Admissibilidade, somente quando o causídico, agindo em seu *munus*, não extrapole os limites da lei nem utilize expressões injuriosas de caráter pessoal. Interpretação do art. 7º, § 2º, da Lei 8.906/94 e do art. 133 da CF" (RT, 747:399). É que à imunidade do advogado contrapõe-se o direito à inviolabilidade da honra, que a Constituição assegura a todos no inciso X do art. 5º.

60 A RESPONSABILIDADE DO FORNECEDOR NO CÓDIGO DE DEFESA DO CONSUMIDOR

60.1. ASPECTOS GERAIS

Em complementação ao já exposto no n. 8, *retro*, aduz-se que os dois principais protagonistas do aludido Código são o consumidor e o fornecedor. Este é toda pessoa física ou jurídica, pública ou privada, nacional ou estrangeira, bem como os entes despersonalizados, que desenvolvem atividades de produção, montagem, criação, construção, transformação, importação, exportação, distribuição ou comercialização de produtos ou prestação de serviços (art. 3º). Incluídos se acham nesse conceito, portanto, o produtor, o fabricante, o comerciante, o prestador de serviços, bem como os órgãos do Poder Público que desenvolvam as mencionadas atividades ou prestem serviços que caracterizem relação de consumo.

É a atividade que caracteriza alguém como produtor. Ora, atividade significa não a prática de atos isolados, mas a de atos continuados e habituais. Assim, não é considerado fornecedor quem celebra um contrato de compra e venda, mas aquele que exerce habitualmente a atividade de comprar e vender. Continua, destarte, regida pelo Código Civil a compra e venda de carro usado entre particulares, inserindo-se, porém, no âmbito do Código de Defesa do Consumidor a venda do mesmo carro usado efetuada por uma revendedora estabelecida nesse ramo, visto que a aplicabilidade da legislação especial foi ressalvada, no que não contrariar o estatuto civil.

O diploma consumerista consagrou a responsabilidade objetiva do fornecedor, tendo em vista especialmente o fato de vivermos, hoje, em uma sociedade de produção e de consumo em massa, responsável pela despersonalização ou desindividualização das relações entre produtores, comerciantes e prestadores de serviços, em um polo, e compradores e usuários do serviço, no outro. A responsabilidade é estendida, solidariamente, a todos os que compõem o elo básico na colocação de produtos no mercado, quando autores da ofensa (art. 7º, parágrafo único). Isso significa que o consumidor pode escolher a quem quer acionar: um ou todos. Como a solidariedade obriga a todos os responsáveis simultaneamente, todos respondem pelo total dos danos causados. Além disso, no caso de existência de lesões ou problemas com bens, consideram-se equiparadas ao consumidor todas as vítimas (como, por exemplo, em uma família, as pessoas que tenham contraído doença em face de vícios de produto).

No sistema brasileiro, não existe limitação para a indenização, estando afastada a denominada "indenização tarifada". De modo que, havendo danos causados aos consumidores, o fornecedor deve indenizá-los em sua integralidade. Essa indenização derivada do fato do produto ou serviço não pode ser excluída contratualmente. O art. 51 do Código de Defesa do Consumidor considera abusiva e, portanto, nula a cláusula contratual que impossibilitar, exonerar ou atenuar a responsabilidade civil do fornecedor por vícios de qualquer natureza, incluídos aqui os acidentes de consumo e os vícios redibitórios. É muito comum vermos essas cláusulas de exclusão da responsabilidade civil em avisos existentes em estacionamentos de automóveis, por exemplo. No entanto, desde a entrada em vigor do aludido diploma, elas perderam eficácia, ainda que tenha havido anuência do cliente, porque todas as suas normas são de ordem pública (art. 1º) e não podem ser afastadas pela vontade das partes (*v.* n. 54, *retro*).

60.2. RESPONSABILIDADE PELO FATO DO PRODUTO E DO SERVIÇO

Duas são as espécies de responsabilidade civil reguladas pelo Código de Defesa do Consumidor, ambas de natureza objetiva: a responsabilidade pelo fato do produto e do serviço e a responsabilidade por vícios do produto ou do serviço. A primeira é derivada de danos do produto ou serviço, também chamados de acidentes de consumo (extrínseca). A segunda, relativa ao vício do produto ou serviço (intrínseca), tem sistema assemelhado ao dos vícios redibitórios, ou seja, quando o defeito torna a coisa imprópria ou inadequada para o uso a que se destina, há o dever de indenizar.

Para efeito de indenização, é considerado fato do produto todo e qualquer acidente provocado por produto ou serviço que causar dano ao consumidor, sendo equiparadas a este todas as vítimas do evento (art. 17). Enquadram-se nesses casos os danos, materiais e pessoais, decorrentes de acidente automobilístico ocorrido em virtude de defeito de fabricação da direção ou dos freios; de incêndio ou curto-circuito provocado por defeito de eletrodoméstico; de uso de medicamento nocivo à saúde; de emprego de agrotóxico prejudicial à plantação ou à pastagem etc. Com relação ao fornecimento de serviços defeituosos, podem ser lembradas as hipóteses de danos materiais ou pessoais causados aos usuários dos serviços de transporte (acidentes aeroviários, p. ex.), dos serviços de guarda e estacionamento de veículo, de hospedagem, de construção etc.

De acordo com o § 1º do art. 12, é defeituoso o produto que não revele a segurança que se poderia esperar, levados em consideração sua apresentação, o uso e o risco que razoavelmente dele se espera e a época em que foi introduzido no mercado. Também se considera defeituoso, para efeitos de indenização, o produto que contenha informações insuficientes ou inadequadas sobre sua utilização e risco, inclusive as de caráter publicitário (art. 30). Desde que o produto não contenha nenhum dos defeitos mencionados no art. 12, o simples fato de existir no mercado de consumo outro produto similar e de qualidade superior não o torna defeituoso (art. 12, § 2º).

A responsabilidade principal é exclusiva do fabricante, produtor, construtor ou importador do produto, sendo que o comerciante somente responde, subsidiariamente, quando os responsáveis principais não puderem ser identificados, bem como quando não conservar, adequadamente, os produtos perecíveis. Ressalva o parágrafo único do art. 13 o direito de regresso, na medida de sua participação no evento danoso, àquele que indenizar o lesado quando havia outros devedores solidários.

60.3. RESPONSABILIDADE POR VÍCIO DO PRODUTO E DO SERVIÇO

Os bens ou serviços fornecidos podem ser afetados por vícios de qualidade ou quantidade que os tornem impróprios ou inadequados ao consumo a que se destinam ou lhes diminuam o valor, assim como por aqueles decorrentes da disparidade com as indicações constantes do recipiente, da embalagem, rotulagem ou mensagem publicitária (art. 18). O consumidor, em razão da solidariedade passiva, tem direito de endereçar a reclamação ao fornecedor imediato do bem ou serviço, como também pode, querendo, acionar o comerciante e o fabricante do produto, em litisconsórcio passivo. Se o comerciante for obrigado a indenizar o consumidor, poderá exercer o direito de regresso contra os demais responsáveis.

Constatado o vício de qualidade dos bens fornecidos, o consumidor pode exigir a substituição das partes viciadas. Não sendo o vício sanado no prazo máximo de 30 dias, pode o consumidor, nos termos do § 1º do art. 18, exigir, alternativamente e a sua escolha: "I – a substituição do produto por outro da mesma espécie, em perfeitas condições de uso; II – a restituição imediata da quantia paga, monetariamente atualizada, sem prejuízo de eventuais perdas e danos; III – o abatimento proporcional do preço". Em linha de princípio, o consumidor só poderá fazer uso das alternativas supradescritas se o vício não for sanado no prazo máximo de 39 dias, contados do ato aquisitivo. Decidiu-se, a propósito: "Comprado veículo novo com defeito de fábrica, é responsabilidade do fabricante entregar outro do mesmo modelo, a teor do art. 18, § 1º, do Código de Defesa do Consumidor" (STJ, REsp 195.659-SP, 3ª T., rel. Min. Menezes Direito, *DJU*, 12 jun. 2000).

O art. 26 do referido diploma dispõe que o direito de reclamar por vícios aparentes caduca em 30 dias para os bens não duráveis (I) e em 90 dias tratando-se de bens duráveis (II), iniciando-se a contagem do prazo decadencial da entrega efetiva do produto. O § 3º aduz que, tratando-se de vícios ocultos, o prazo decadencial inicia sua contagem na data em que ficar evidenciado o defeito. Assim, o consumidor que apresenta reclamação perante o fornecedor, devidamente comprovada, para que seja sanado o vício, obsta a decadência (art. 26, § 2º) e deve aguardar o decurso do prazo de 30 dias para exercer o direito de formular um dos pedidos alternativamente previstos nos incisos do § 1º do art. 18. Essa nova reclamação, que tem agora novo objeto, deve também obedecer aos prazos do art. 26. Se o vício não for sanado e não for atendida a alternativa escolhida pelo consumidor, pode ele ir a juízo, respeitado o prazo decadencial do mencionado art. 26.

O Código prevê, ainda, nos arts. 18, 19 e 20, a possibilidade de, não sanado o vício, ser pedida a restituição da quantia paga pelo consumidor, monetariamente atualizada, "sem prejuízo de eventuais perdas e danos". Ressalte-se, por fim, que os órgãos públicos, por si ou suas empresas, concessionárias, permissionárias ou sob qualquer outra forma de empreendimento, são obrigados a fornecer serviços adequados, eficientes e seguros e, quanto aos essenciais, contínuos. Pode o juiz, além de condená-los a reparar o dano, como previsto no art. 37, § 6º, da Constituição Federal, antecipar a tutela pleiteada, determinando providências que assegurem o resultado prático equivalente ao cumprimento da obrigação, conforme o estabelecido no art. 84 do Código de Defesa do Consumidor.

60.4. AS EXCLUDENTES DA RESPONSABILIDADE CIVIL

O Código de Defesa do Consumidor prevê, de forma taxativa ou exaustiva, as hipóteses de exclusão de responsabilidade do fabricante, produtor, construtor ou importador, ao proclamar, no art. 12, § 3º, que "só" não será responsabilizado quando provar: "I – que não colocou o produto no mercado; II – que, embora haja colocado o produto no mercado, o defeito inexiste; III – a culpa exclusiva do consumidor ou de terceiro". A exoneração da responsabilidade depende, pois, de prova, a ser produzida pelo acionado, de não ter colocado o produto no mercado, isto é, de ter sido introduzido no mercado de consumo sem seu conhecimento; ou de inexistência do defeito ou de culpa exclusiva do consumidor.

Com relação ao ônus da prova, é de ressaltar que, em linhas gerais, a alteração da sistemática da responsabilização, prescindindo do elemento da culpa e adotando a teoria objetiva, não desobriga o lesado da prova do dano e do nexo de causalidade entre o produto ou serviço e o dano. Em relação a esses elementos, entretanto, o juiz pode inverter o ônus da prova quando "for verossímil a alegação" ou quando o consumidor for "hipossuficiente", sempre de acordo com "as regras ordinárias de experiência" (art. 6º, VIII). Só se admite como causa exonerativa da responsabilidade a culpa exclusiva do consumidor ou de terceiro, não a culpa concorrente. Assim, mesmo havendo culpa concorrente da vítima, persiste a obrigação do fornecedor de indenizá-la por inteiro. Só ficará exonerado dessa obrigação se provar culpa exclusiva do consumidor ou do usuário do serviço, como tem sido reconhecido pela jurisprudência no caso dos "surfistas" que arriscam a vida sobre os vagões dos trens. Contudo, essa situação modificou-se, porque o Código Civil, ao tratar especificamente do contrato de transporte, preceitua que, se "o prejuízo sofrido pela pessoa transportada for atribuível à transgressão de normas e instruções regulamentares, o juiz reduzirá equitativamente a indenização, na medida em que a vítima houver concorrido para a ocorrência do dano" (art. 738, parágrafo único).

A excludente do caso fortuito, ou força maior, não foi inserida no rol das excludentes da responsabilidade do fornecedor. Mesmo assim, sua arguição é admitida, pois o fato inevitável rompe o nexo de causalidade, especialmente quando não guarda nenhuma relação com a atividade do fornecedor, não se podendo, destarte, falar em defeito do produto ou do serviço. O Superior Tribunal de Justiça assim vem decidindo: "O fato de o art. 14, § 3º, do Código de Defesa do Consumidor não se referir ao caso fortuito e à força maior, ao arrolar as causas de isenção de responsabilidade do fornecedor de serviços, não significa que, no sistema por ele instituído, não possam ser invocadas. Aplicação do art. 1.058 do Código Civil (de 1916, correspondente ao art. 393 do Código de 2002). A inevitabilidade, e não a imprevisibilidade, é que efetivamente mais importa para caracterizar o fortuito. E aquela há de entender-se dentro de certa relatividade, tendo-se o acontecimento como inevitável em função do que seria razoável exigir-se" (REsp 120.647-SP, 3ª T., rel. Min. Eduardo Ribeiro, *DJU*, 15 maio 2000, p. 156). O mesmo Tribunal vem acolhendo a arguição de fortuito ou força maior, para isentar de responsabilidade os transportadores, autênticos prestadores de serviços, que são vítimas de roubos de carga, à mão armada, nas estradas (REsp 43.756-3-SP, 4ª T., rel. Min. Torreão Braz, *DJU*, 1º ago. 1994, p. 18658; *v.* n. 52.1, *retro*).

Em se tratando de fornecimento de serviços, o prestador "só" não será responsabilizado quando provar: "I – que, tendo prestado o serviço, o defeito inexiste; II – a culpa exclusiva do consumidor ou de terceiro" (art. 14, § 3º). A responsabilidade pessoal dos profissionais liberais será apurada mediante a verificação da culpa (art. 14, § 4º), podendo, pois, arguir as excludentes gerais, como a culpa da vítima, exclusiva ou concorrente, e o caso fortuito e a força maior.

61 A RESPONSABILIDADE DOS CONSTRUTORES E INCORPORADORES

O contrato de construção desdobra-se em duas modalidades: a empreitada e a administração. Do contrato de empreitada resultam obrigações recíprocas entre quem encomendou a obra e o construtor. E, de sua execução, podem advir responsabilidades para com terceiros. O empreiteiro pode (CC, art. 610) obrigar-se a fornecer os materiais e o trabalho (empreitada mista), ou somente este (empreitada de lavor). Ao celebrar o contrato, o construtor assume uma obrigação de resultado que só se exaure com a entrega da obra pronta e acabada a contento de quem a encomendou.

No contrato de construção por administração o construtor obriga-se a executar um projeto, mediante remuneração (em geral, uma porcentagem sobre o custo da obra), correndo por conta do dono todas as despesas com a edificação. Não se confunde com o de empreitada, em que o construtor assume os encargos técnicos da obra e também os riscos econômicos. Na construção por administração o construtor responde unicamente pela execução técnica do projeto, sendo o dono quem custeia a obra, somente conhecendo seu preço a final. Embora o Código Civil não a regulamente, aplicam-se-lhe, subsidiariamente, as regras sobre a empreitada. Os riscos correm por conta do dono da obra, a menos que seja provada a culpa do construtor.

A responsabilidade dos construtores pode ser contratual ou extracontratual. A primeira decorre da inexecução culposa de suas obrigações. Violando o contrato ao não executar a obra ou ao executá-la defeituosamente, inobservando as normas nele estabelecidas, o construtor responderá civilmente, como inadimplente, pelas perdas e danos, salvo se provar que a inexecução resultou de caso fortuito ou força maior. A responsabilidade extracontratual ou legal é de ordem pública e diz respeito especialmente à responsabilidade pela perfeição da obra, à responsabilidade pela solidez e segurança da obra e à responsabilidade por danos a vizinhos.

No que concerne à perfeição da obra, o Código Civil utiliza-se da teoria tradicional dos vícios redibitórios, possibilitando ao dono, no caso de defeito, enjeitar a coisa ou recebê-la com abatimento no preço. O Código de Defesa do Consumidor, no entanto, fornece um leque maior de opções a este, em caso de vícios na obra. Na hipótese de empreitada de lavor, caberá ao consumidor optar entre as possibilidades oferecidas pelos incisos do art. 20 do mesmo Código. Em caso de empreitada mista, far-se-á necessário verificar se o vício advém da qualidade do material, caso em que se terá a aplicação do art. 18, ou se decorre de vícios na prestação de serviços, com a aplicação do mencionado artigo.

Concluída e entregue a obra, subsiste a responsabilidade do empreiteiro, durante 5 anos, pela solidez e segurança da construção. Prescreve, com efeito, o art. 618 do Código Civil: "Nos contratos de empreitada de edifícios ou outras construções consideráveis, o empreiteiro de materiais e execução responderá, durante o prazo irredutível de cinco anos, pela solidez e segurança do trabalho, assim em razão dos materiais, como do solo. Parágrafo único. Decairá do direito assegurado neste artigo o dono da obra que não propuser a ação contra o empreiteiro, nos cento e oitenta dias seguintes ao aparecimento do vício ou defeito". O prazo de 5 anos é de garantia da obra. Mas a ação derivada de falta de solidez, apurada no prazo ou período de garantia, deve ser ajuizada no prazo de 180 dias, contado do surgimento do defeito, sob pena de decadência do direito. Embora referido dispositivo se aplique somente às construções de vulto (edifícios e construções consideráveis, como prédios, pontes, viadutos, metrô), a jurisprudência tem alargado o conceito de solidez e segurança, para abranger outros defeitos, como infiltrações, obstruções na rede de esgoto e outros. A responsabilidade do construtor permanece não só perante o dono da obra, como também perante quem o suceda na propriedade, ou adquire direitos reais, de promissário-comprador do imóvel, pois a alienação não pode ser causa de isenção de responsabilidade do construtor pela solidez e segurança da construção, que é de natureza legal (STF-RT, 567:242).

Os pequenos defeitos, que não afetam a segurança e a solidez da obra, são considerados vícios redibitórios, que devem ser alegados no prazo decadencial de um ano, contado da entrega efetiva, se o contrato for regido pelo Código Civil. Se o lesado já estava na posse do imóvel, o prazo é reduzido à metade. Quando o vício, por sua natureza, só puder ser conhecido mais tarde, o prazo contar-se-á do momento em que dele se tiver ciência, até o prazo máximo de um ano (CC, art. 445 e § 1º). Se o contrato estiver sob a égide do Código de Defesa do Consumidor, o prazo será de 90 dias, contado da tradição, se o vício for aparente, e do seu surgimento, se for oculto. Mas o consumidor poderá utilizar o prazo que lhe for mais favorável, abrindo mão do sistema protetivo do referido diploma (art. 7º).

Quanto aos danos causados aos vizinhos, hão de ser ressarcidos por quem os causa e por quem aufere os proveitos da construção. A jurisprudência pátria tem reconhecido a responsabilidade solidária do construtor e do proprietário, admitindo, porém, a redução da indenização quando a obra prejudicada concorreu efetivamente para o dano, por insegurança ou ancianidade. O proprietário, porém, tem ação regressiva contra o construtor, se os danos decorreram de imprudência, negligência e, especialmente, imperícia de sua parte (RT, 489:96). A responsabilidade solidária decorre da simples nocividade da obra, independentemente de culpa de qualquer deles.

Com relação aos danos causados aos vizinhos ou a terceiros, provenientes de desabamentos, queda de materiais, ruído, poeira e de outras causas, a responsabilidade decorre do art. 186 do Código Civil (aquiliana) e deve ser atribuída diretamente àquele que executa a obra, ou seja, ao construtor, que tem a guarda da coisa e a direção dos trabalhos. O proprietário somente com ele se solidariza se houver confiado a obra a pessoa inabilitada para os trabalhos de Engenharia e Arquitetura.

A grande maioria dos contratos de construção integra a categoria dos contratos de consumo. Desde a entrada em vigor do Código de Defesa do Consumidor, as relações jurídicas entre as partes, nos contratos de empreitada que constituíam relação de consumo, passaram a ser reguladas diretamente por aquele diploma, a ponto de serem destacadas do Código Civil de 1916, que só tinha aplicação subsidiária. O Código de 2002, que é posterior àquele e disciplinou o contrato de empreitada, aplica-se aos contratos celebrados entre particulares, que não configuram relações de consumo. A estas, tendo sido ressalvada a legislação especial, continua aplicável o Código de Defesa do Consumidor. Exige este, expressamente, a culpa do profissional liberal para a responsabilização pelos defeitos do produto ou serviço, não estabelecendo qualquer exceção à regra; pode, contudo, ser invertido o ônus da prova, para que referido profissional demonstre que não obrou com culpa e se exonere da responsabilidade. Por sua vez, dispõe o art. 612 do Código Civil que, "se o empreiteiro só forneceu mão de obra, todos os riscos em que não tiver culpa correrão por conta do dono".

A responsabilidade das construtoras em geral (pessoas jurídicas) continua sendo objetiva, pelos danos causados ao consumidor, tanto pelo fato do produto ou do serviço como pelo vício do produto ou do serviço, nos termos dos arts. 12, 14, 18 e 20 daquele diploma, admitindo-se somente as excludentes já mencionadas no n. 60.4, *retro*. Observa-se que a proteção por ele conferida ao consumidor é mais ampla, considerando-se que o construtor responde objetivamente quer se trate de obra de vulto ou de pequeno porte, quer o defeito diga ou não respeito a sua solidez e segurança. Aplica-se, também, aos casos em que o defeito venha a surgir depois de 5 anos, considerando-se que o prazo para reclamar dos vícios ocultos somente se conta a partir do momento em que se manifestam. A respeito da prescrição da ação, *vide* ainda o exposto no n. 55, *retro*.

Nas incorporações de imóveis, respondem solidariamente o incorporador e o construtor pelos defeitos da construção. A responsabilidade do construtor decorre da garantia legal já comentada, bem como do fato de ser o substituto do incorporador na execução do contrato de construção. A do incorporador é contratual e regulada no art. 43 da Lei n. 4.591/64. Os condôminos estão legitimados a reclamar o ressarcimento dos danos decorrentes de defeitos em suas respectivas unidades condominiais. O condomínio, por sua vez, tem legitimidade no que se refere aos defeitos verificados nas partes comuns.

62 A RESPONSABILIDADE DOS ENCARREGADOS DA GUARDA DE VEÍCULOS (ESTACIONAMENTOS, *SHOPPING CENTERS* ETC.)

O depósito é contrato real; perfaz-se com a tradição do objeto. É contrato pelo qual uma pessoa recebe objeto móvel alheio, com a obrigação de guardá-lo e restituí-lo. Para que se aperfeiçoe não basta o consentimento das partes, pois se exige a entrega da coisa ao depositário. Assume este o dever de segurança sobre a coisa depositada, obrigação de resultado que tem por efeito a presunção de culpa contra ele, se não a restitui ao final do contrato.

Sendo um contrato de natureza real, somente se aperfeiçoa com a entrega do veículo à guarda e custódia do depositário. Pode, no entanto, existir obrigação de vigilância do veículo em outras modalidades de contratos, que poderiam ser chamados de contratos de guarda ou de vigilância, ou simplesmente de contratos inominados, onerosos ou gratuitos, em que não ocorre a tradição, e as chaves do veículo permanecem com o proprietário, assumindo o outro contratante a obrigação de vigiá-lo e de garantir sua incolumidade contra furtos e colisões e danos provocados por terceiros.

Assim, tem sido reconhecida a responsabilidade dos donos de estacionamentos e postos de gasolina que exploram a guarda de veículos mediante paga dos usuários como depositários. O boletim de ocorrência é considerado prova hábil da existência do furto, por gerar presunção *juris tantum* de veracidade (RT, 638:92; RJTJSP, 110:165). Pelo sistema do Código Civil de 1916, o depositário só se escusava de responsabilidade pelo desaparecimento da coisa depositada provando caso fortuito ou força maior. No capítulo que tratava do depósito necessário, referido diploma considerava ocorrer tal hipótese em caso de roubo à mão armada e violências semelhantes (art. 1.285, II). A jurisprudência, por essa razão, entendia que, se a hipótese era de furto simples, a responsabilidade do depositário permanecia incólume. Mas era afastada, quando demonstrava que o veículo fora objeto de roubo à mão armada.

O Código Civil não contém dispositivo similar ao mencionado art. 1.285, II, do diploma de 1916. Mas enfatiza, no art. 650, que essa responsabilidade cessa se os depositários provarem que "os fatos prejudiciais" aos depositantes "não podiam ser evitados". O fato inevitável exclui, portanto, a responsabilidade do depositário. Ora, a inevitabilidade é o elemento que caracteriza o caso fortuito.

O Código de Defesa do Consumidor deu novos rumos à jurisprudência nesse particular, pois os donos de estacionamentos e de estabelecimentos análogos são prestadores de serviços e respondem, independentemente de culpa, pela reparação de danos causados aos consumidores por defeitos relativos à prestação de serviços (art. 14). O § 1º do aludido dispositivo considera defeituoso o serviço quando não fornece a segurança que o consumidor dele pode esperar, levando-se em consideração as circunstâncias relevantes, entre as quais "o resultado e os riscos que razoavelmente dele se esperam" (II). Malgrado alguma discrepância ainda encontrada na jurisprudência, o Superior Tribunal de Justiça vem proclamando: "Empresa que explora estacionamento, cobrando pelo serviço prestado, tem dever de guarda e vigilância sobre os veículos parqueados, respondendo por indenização em caso de subtração. O roubo, a exemplo do furto, não pode ser alegado como motivo de força maior por quem, em razão do seu ramo de atividade, tem por obrigação e especialidade prestar segurança" (*RT*, 704:232, rel. Min. Dias Trindade; REsp 31.206-5-SP, 4ª T., rel. Min. Sálvio de Figueiredo; REsp 182.390, 4ª T., rel. Min. Barros Monteiro).

Todavia, a empresa que administra estacionamento privado não tem responsabilidade pela segurança do cliente, mas apenas do veículo. Nessa linha, proclamou o Superior Tribunal de Justiça que "o estacionamento se responsabiliza apenas pela guarda do veículo, não sendo razoável lhe impor o dever de garantir a segurança do usuário, sobretudo quando este realiza operação sabidamente de risco, consistente no saque de valores em agência bancária" (REsp 1.232.795-SP, j. 2-4-2013).

O proprietário que entrega seu veículo a uma oficina mecânica, para reparos, transfere ao dono desta a guarda e a obrigação de por ele zelar, e de restituí-lo quando solicitado. Dessa relação se origina um contrato de depósito, do qual decorre a responsabilidade do estabelecimento por danos sofridos pelo veículo, especialmente os decorrentes de sua movimentação pelos mecânicos e prepostos. Em virtude dessa transferência da guarda, respondem os donos de oficinas também pelos danos causados, por eles ou por seus prepostos, a terceiros, na condução dos veículos, e não seus proprietários. Respondem, também, por seu desaparecimento, se não provarem a "culpa exclusiva do consumidor ou terceiro" (CDC, art. 14, § 3º). Confira-se: "Tendo a posse do veículo sido transferida à oficina mecânica, cujo titular passou a ter a sua guarda jurídica, não havendo negligência atribuível à proprietária do mesmo, descabe a pretensão ressarcitória, que, em face dela, foi distribuída" (TJRJ, Ap. 7.233/98-Capital, 11ª Câm., j. 12-11-1998).

Com relação aos supermercados, alguns integram os *shopping centers*. Outros, no entanto, constituem estabelecimentos autônomos e também têm uma área destinada a estacionamento para os fregueses. Se esses estacionamentos têm um aparato de segurança com a finalidade de inspirar confiança a quem vai ao supermercado, caracterizado por grades, portões de entrada e de saída para os carros, guaritas para os guardas, não resta dúvida de que existe o dever de vigilância e a consequente responsabilidade em caso de furto, mesmo que as chaves do veículo permaneçam em poder do proprietário e o estacionamento seja gratuito (cf. *RJTJSP*, 111:401). Quando, no entanto, não existe esse aparato e se trata de simples estacionamento (geralmente mero recuo da construção) cedido gratuitamente aos fregueses, não se pode dizer que foi assumido o dever de vigilância dos veículos, nem que existe responsabilidade do estabelecimento, em caso de furto.

A situação dos *shopping centers* é complexa e mais abrangente. É uma nova realidade consistente em um sistema de concentração de comércio em espaços, dentro do princípio moderno de *marketing*, conhecido como *tenant mix*. Tem a jurisprudência proclamado que o "estacionamento fornecido pelo *shopping center* é um atrativo comercial, que se encontra embutido no preço das mercadorias, não se eximindo a administradora da indenização pelo furto do veículo" (TJRN, Ap. 98.000528-0, j. 28-6-1999). Ainda que não se configure, com todos os seus contornos, o contrato de depósito tácito, porque não há a entrega efetiva do veículo à outra parte, haverá uma relação contratual inominada, que cria um vínculo do qual surge para o *shopping* um dever de vigilância. O fato de ser gratuito o estacionamento não significa que não esteja este obtendo lucro, porque o pagamento se faz por via indireta, pela compra de mercadorias. Trata-se, pois, de contrato oneroso, cabendo ao *shopping* o dever de guarda, haja ou não um aparato de segurança (*RT*, 651:239), tenha havido compras ou apenas passeio, diversão e negócios, sabido que nesses locais funcionam cinemas, restaurantes, bancos, escritórios etc.

No tocante aos condomínios em edificações ou edilícios, tem-se decidido que, em princípio, não têm eles a obrigação de cuidar dos bens de seus condôminos. Mas é preciso distinguir: se estes dispõem de todo um aparato destinado a zelar pela guarda de tais bens (vigias, dispositivos de segurança etc.), a responsabilidade pelo furto de veículo pertencente a condômino, ou de toca-fitas, pode ser-lhes tributada, porque os prepostos contratados para cuidar desses bens negligenciaram, permitindo a consumação do furto (*RJTJSP*, 123:331). Decidiu o Superior Tribunal de Justiça que é lícito aos condôminos estabelecer, na convenção, "não ser devida indenização, pelo condomínio, em virtude de danos sofridos por veículos estacionados na garagem do edifício" (REsp 10.285-SP, 3ª T., rel. Min. Nilson Naves, *DJU*, 16 dez. 1991, p. 18534).

A todo prestador de serviços incumbe a garantia da incolumidade dos usuários, pois o risco que contra ela existe é de responsabilidade dos empresários, e não dos cidadãos que lhe dão lucro. Por essa razão, tem sido reconhecida a responsabilidade pelos furtos de veículos deixados sob sua guarda (salvo a prova de roubo à mão armada, considerado fortuito ou força maior), dos donos de restaurantes e de hotéis, ainda que não cobrem por esse serviço destinado a atrair clientela (TJSP, EI 77.793-1-SP, 1ª Câm., j. 27-10-1987; STJ, REsp 6.069, 3ª T., *DJU*, 17 jun. 1991, p. 8204, n. 114); das escolas e universidades, desde que o veículo lhes tenha sido entregue mediante remuneração e controle de entrada e saída pela emissão de *tickets* ou outro sistema de vigilância (*RT*, 693:264); dos hospitais, mesmo sendo gratuito o estacionamento, se há uma oferta e um aparato que induzam o usuário-paciente a crer que o seu veículo estará mais seguro e bem guardado no estacionamento do que na via pública (STJ, REsp 3.944-0-PR, 4ª T., *DJU*, 5 maio 1993, p. 5839, n. 64).

Decidiu o Tribunal de Justiça do Rio de Janeiro que inexiste responsabilidade do dono do restaurante pelo furto, em seu interior, de bolsa pertencente a cliente. O acórdão fundamenta o *decisum* na excludente do fato exclusivo de terceiro (Proc. 2006.001.31464, 12ª Câm.). Por sua vez, o Tribunal de Justiça do Distrito Federal deu provimento ao recurso de um restaurante, por entender não ser cabível indenização por furto de bolsa dentro do estabelecimento, uma vez constatada culpa exclusiva da consumidora, por deixar a bolsa na mesa ao se dirigir ao toalete, acentuando que "não há dever de guarda e vigilância a ser imposto às rés (restaurante e *shopping*), pois a prestação de serviços contratada não inclui tal incumbência às fornecedoras, estranha à sua atividade"(Proc. 20100111900363).

Quanto à responsabilidade dos clubes recreativos e sociais tem-se decidido que, se há local para o estacionamento intramuros, é evidente que, ao se associarem, as pessoas sabem que podem contar com essa vantagem, essa segurança. O dever de guarda está incluído, indiretamente, no pagamento das mensalidades e no de diversos serviços cobrados no interior do clube (RT, 631:152). Mesmo quando este não tem estacionamento interno, mas mantém guardas vigiando os veículos dos sócios estacionados nas vias públicas próximas à sede, essa responsabilidade se manifesta, pois assume o dever de guarda e vigilância. É válida, por outro lado, a cláusula estatutária que estabelece não responder o clube pelo furto de bens do associado que ocorra em suas dependências, em respeito à autonomia da vontade, uma vez inexistente ofensa a norma jurídica, cuja observância seja inarredável, ou a algum princípio ético (STJ, REsp 86.137-0-SP, 3ª T., j. 24-3-1998).

No tocante à responsabilidade dos empregadores pelos furtos de veículos de seus empregados, já se decidiu: "O empregador que admite a permanência de veículos dos empregados em seu estabelecimento junto ao local de trabalho responde pelos danos que estes venham a sofrer, existindo aí autêntico depósito, ao qual é inerente o dever de incolumidade do depositário em relação aos bens depositados" (RT, 607:39).

63 A RESPONSABILIDADE CIVIL DECORRENTE DE ACIDENTE DO TRABALHO

O contrato de trabalho pode gerar, eventualmente, a responsabilidade do empregador pelo acidente do trabalho sofrido pelo empregado. Dispõe a Súmula 229 do Supremo Tribunal Federal: "A indenização acidentária não exclui a do direito comum, em caso de dolo ou culpa grave do empregador". A atual Constituição Federal, contudo, no capítulo dos direitos sociais (art. 7º, XXVIII), assegurou aos trabalhadores a referida indenização, em caso de dolo ou culpa do empregador, sem exigir que esta seja grave.

Qualquer que seja, portanto, o grau de culpa, terá o empregador de suportar o dever indenizatório, segundo as regras do direito civil, sem qualquer compensação com a reparação concedida pela Previdência Social. Somente a ausência total de culpa do patrão (em hipóteses de caso fortuito ou força maior, ou de culpa exclusiva da vítima ou de terceiro) é que o isentará da responsabilidade civil concomitante à reparação previdenciária.

A competência para julgar as ações indenizatórias decorrentes de acidentes de trabalho é da justiça trabalhista, por força da Emenda Constitucional n. 45/2004 e do assentado pelo Supremo Tribunal Federal (CComp 7.204-1-MG, Pleno, rel. Min. Ayres Britto, *DJU*, 9 dez. 2005). Em casos de terceirização do serviço, tem sido reconhecida a responsabilidade solidária da empresa contratante, beneficiária do trabalho, e da prestadora de serviços (*RT*, 742:320).

Quando a responsabilidade pelo acidente de trabalho é de ambos, ou seja, da empresa e também do empregado, a indenização deve ser dividida em 50% para cada um (TST, rel. Min. Hugo Scheuermann, 1ª T., j. 3-1-2016).

64 A RESPONSABILIDADE CIVIL DOS TABELIÃES

Os casos mais comuns de responsabilidade civil dos tabeliães relacionam-se com os cartórios de notas. Os notários e escreventes de notas assumem obrigação de resultado perante as pessoas que contratam o correto exercício de suas funções, tendo responsabilidade civil contratual se não as cumprir.

A Constituição Federal de 1988 dispôs, em seu art. 236, *caput*: "Os serviços notariais e de registro são exercidos em caráter privado, por delegação do Poder Público". Não afastou, portanto, a responsabilidade do Estado pelas faltas e abusos que cometam os tabeliães, uma vez que as atividades são exercidas por delegação do Poder Público. Equiparam-se eles aos concessionários e permissionários de serviços públicos, tendo responsabilidade objetiva, nos termos do art. 37, § 6º, da Constituição Federal. O Estado responde pelos atos praticados por seus prepostos, ainda que investidos de função delegada, que, na realidade, é uma *longa manus* do poder estatal. E poderá exercer o direito de regresso contra os delegados, em caso de culpa ou dolo destes.

A Lei n. 8.935, de 18-11-1994, regulamentou o art. 236 da Constituição Federal. No tocante à responsabilidade civil e criminal, dispôs: "Os notários e oficiais de registro responderão pelos danos que eles e seus prepostos causem a terceiros, na prática de atos próprios da serventia, assegurado aos primeiros direito de regresso no caso de dolo ou culpa dos prepostos" (art. 22). A ação pode ser direcionada contra o Estado, baseada na responsabilidade objetiva consagrada no art. 37, § 6º, da Constituição Federal, ou diretamente contra o notário ou registrador, desde que o autor se proponha, nesse caso, a provar culpa ou dolo destes.

Podem ser mencionadas, como hipóteses frequentes de responsabilidade do notário, dentre outras, o reconhecimento de firma falsa (RT, 404:152); não especificação, no testamento, de todas as formalidades legais, dando causa a sua nulidade (CC/1916, art. 1.634); venda invalidada devido à falsidade da procuração outorgada pelos vendedores, sendo a ação movida contra o tabelião que lavrou o instrumento público do mandato (RT, 594:254); vícios extrínsecos ou de forma, que possam provocar nulidades ou anulabilidade etc.

No caso de "dano decorrente de má prestação de serviços notariais, somente o tabelião à época dos fatos e o Estado possuem legitimidade passiva para a ação indenizatória" (STJ, REsp 545.613-MG, 4ª T., j. 8-5-2007). "O tabelionato não detém personalidade jurídica ou judiciária, sendo a responsabilidade pessoal do titular da serventia" (TJSP, Ap. 7.285.716, 21ª Câm., j. 5-11-2008).

A Lei n. 13.286, de 10 de maio de 2016, promoveu (a) a alteração do art. 22 da Lei n. 8.935/94 para estabelecer a responsabilidade civil subjetiva dos notários e dos oficiais de registro (art. 2º) e (b) a fixação do prazo prescricional de 3 (três) anos para a pretensão de reparação civil, contado o prazo da data de lavratura do ato registral ou notarial (art. 2º, parágrafo único).

Quadro sinótico – As excludentes da responsabilidade civil

1. Responsabilidade do transportador	Transporte terrestre	A responsabilidade do transportador em relação ao passageiro é contratual e objetiva. Sendo o transporte um contrato de adesão, a vítima que não chegou incólume a seu destino porque sofreu dano no trajeto não está obrigada a provar a culpa do transportador. Basta provar o fato do transporte e o dano para que se caracterize a responsabilidade deste pelo inadimplemento contratual. Aplica-se a legislação especial (CDC) aos contratos de transporte em geral, desde que não contrarie as disposições do CC (art. 732). Não há incompatibilidade entre o CC e o CDC, visto que ambos adotam a responsabilidade objetiva do transportador, só elidível mediante a prova de culpa exclusiva da vítima, do caso fortuito e da força maior, ou do fato exclusivo de terceiro. O transporte de bagagem é acessório do contrato de transporte de pessoa. O viajante, ao comprar a passagem, adquire o direito de transportar consigo sua bagagem. A partir do momento em que uma pessoa acena para um veículo de transporte público, já o contrato teve início, diante da oferta permanente em que se encontra o veículo em trânsito. Mas a responsabilidade pela integridade do passageiro só se inicia a partir do momento em que este incide na esfera da direção do transportador, galgando o veículo.
	Transporte aéreo	Divide-se em nacional e internacional. O primeiro é disciplinado pelo Código Brasileiro de Aeronáutica (Lei n. 7.565, de 19-12-1986). O transporte aéreo internacional é regulado pela Convenção de Varsóvia, de 12-10-1929, recebida no ordenamento jurídico nacional pelo Decreto n. 20.704, de 24-11-1931. A responsabilidade do transportador aéreo é objetiva. O STJ tem afastado a responsabilidade tarifada prevista na Convenção de Varsóvia e no Código Brasileiro de Aeronáutica, por se tratar de relação de consumo, subordinando-se ao princípio da ampla reparação previsto no CDC.
	Transporte gratuito	Segundo dispõe a Súmula 145 do STJ, "no transporte desinteressado, de simples cortesia, o transportador só será civilmente responsável por danos

1. Responsabilidade do transportador	Transporte gratuito	causados ao transportado quando incorrer em dolo ou culpa grave". O art. 736 do CC, todavia, preceitua: "Não se subordina às normas do contrato de transporte o feito gratuitamente, por amizade ou cortesia". Adotou-se, assim, a responsabilidade extracontratual no transporte benévolo, na qual a culpa levíssima obriga a indenizar. Manteve-se a responsabilidade contratual no transporte aparentemente gratuito, mas que proporciona vantagens indiretas ao transportador (parágrafo único do art. 736).
2. Responsabilidade dos bancos	A responsabilidade dos bancos pode ser contratual (na relação com os clientes) e aquiliana (danos a terceiros, não clientes). Os casos mais frequentes dizem respeito à responsabilidade contratual, oriunda do pagamento de cheques falsificados. Dispõe a Súmula 28 do STF: "O estabelecimento bancário é responsável pelo pagamento de cheque falso, ressalvadas as hipóteses de culpa exclusiva ou concorrente do correntista". A responsabilidade dos bancos é objetiva, nos moldes do art. 14 do CDC. Proclama a Súmula 297 do STJ: "O Código de Defesa do Consumidor é aplicável às instituições financeiras".	
3. Responsabilidade dos médicos, hospitais e dentistas	Ao prejudicado incumbe a prova de que o profissional agiu com culpa, a teor do estatuído nos arts. 951 do CC e 14, § 4º, do CDC. Permite este ao juiz inverter o ônus da prova em favor do consumidor, dada a sua hipossuficiência. O médico responde não só por fato próprio, como pode vir a responder por fato danoso praticado por terceiros que estejam diretamente sob suas ordens. Se o médico tem vínculo empregatício com o hospital, integrando sua equipe médica, responde objetivamente a casa de saúde, como prestadora de serviços (CDC, art. 14, *caput*). No entanto, se o profissional apenas utiliza o hospital para internar seus pacientes particulares, responde com exclusividade por seus erros, afastada a responsabilidade do estabelecimento. No que tange aos cirurgiões-dentistas, embora em alguns casos se possa dizer que sua obrigação é de meio, na maioria das vezes apresenta-se como de resultado, porque a terapêutica é mais definida e é mais fácil para o profissional comprometer-se a curar. A obrigação de resultado torna-se mais evidente quando se trata de trabalho de natureza estética.	
4. Responsabilidade dos advogados	O § 4º do art. 14 do CDC preceitua: "A responsabilidade pessoal dos profissionais liberais será apurada mediante a verificação de culpa". A responsabilidade do advogado é puramente contratual. Assume ele obrigação de meio e não de resultado. O advogado responde pelos erros de fato e de direito cometidos no desempenho do mandato. Quanto aos últimos, é necessário que o erro em si se revista de gravidade para conduzir à responsabilidade do advogado.	
5. Responsabilidade do fornecedor	Não é considerado fornecedor quem celebra um contrato de compra e venda, mas quem exerce habitualmente a atividade de comprar e vender. O diploma consumerista consagrou a responsabilidade objetiva do fornecedor, esten-	

5. Responsabilidade do fornecedor	dendo-a, solidariamente, a todos os que compõem o elo básico na colocação de produtos no mercado, quando autores da ofensa (art. 7º, parágrafo único). Duas são as espécies de responsabilidade civil reguladas pelo CDC, ambas de natureza objetiva: a responsabilidade pelo fato do produto e do serviço e a responsabilidade por vícios do produto ou do serviço. A primeira é derivada de danos do produto ou serviço, também chamados de acidentes de consumo (extrínseca). A segunda, relativa ao vício do produto ou serviço (intrínseca), tem sistema assemelhado ao dos vícios redibitórios, ou seja, quando o defeito torna a coisa imprópria ou inadequada para o uso a que se destina, há o dever de indenizar. A exoneração da responsabilidade depende de prova, a ser produzida pelo acionado, de não ter colocado o produto no mercado, ou de inexistência do defeito ou de ruptura do nexo causal (culpa exclusiva da vítima, caso fortuito ou força maior) (CDC, art. 12, § 3º).
6. Responsabilidade dos construtores e incorporadores	O contrato de construção desdobra-se em: empreitada e administração. O empreiteiro pode (art. 610) obrigar-se a fornecer os materiais e o trabalho (empreitada mista), ou somente este (empreitada de lavor). No contrato de administração o construtor obriga-se a executar um projeto, mediante remuneração, correndo por conta do dono todas as despesas com a edificação. A responsabilidade dos construtores pode ser contratual ou extracontratual. A primeira decorre da inexecução culposa de suas obrigações. Ao não executar a obra ou ao executá-la defeituosamente, o construtor responderá por perdas e danos, salvo se provar que a inexecução resultou de caso fortuito ou força maior. A responsabilidade extracontratual ou legal é de ordem pública e diz respeito especialmente à responsabilidade pela perfeição da obra, à responsabilidade pela solidez e segurança da obra e à responsabilidade por danos a vizinhos. No tocante à perfeição da obra, o CC utiliza-se da teoria dos vícios redibitórios, possibilitando ao dono, no caso de defeito, enjeitar a coisa ou recebê-la com abatimento no preço. Concluída e entregue a obra, subsiste a responsabilidade do empreiteiro, durante 5 anos, pela solidez e segurança da construção (art. 618). Quanto aos danos causados aos vizinhos, respondem solidariamente o construtor e o proprietário, admitindo-se a redução da indenização quando a obra prejudicada concorreu para o dano, por ancianidade. O proprietário, porém, tem ação regressiva contra o construtor, se os danos decorreram de imprudência, negligência ou imperícia de sua parte.
7. Responsabilidade dos donos de estacionamentos etc.	A obrigação de vigilância do veículo pode resultar de contrato de depósito, de guarda ou de contrato inominado. Os donos de estacionamento são prestadores de serviços e respondem, independentemente de culpa, pela reparação de danos causados aos consumidores por defeitos relativos à prestação de serviços (CDC, art. 14). Respondem os donos de oficinas também pelos danos causados, por eles ou por seus prepostos, a terceiros, na condução dos veículos, e não seus proprietários.

7. Responsabilidade dos donos de estacionamentos etc.	Cabe aos *shopping centers* o dever de guarda ou vigilância sobre os veículos deixados em seu estacionamento, seja este gratuito ou remunerado. Respondem pelos furtos ou outros danos causados aos veículos por terceiros ou por seus empregados. Os condomínios em edificações não têm, em princípio, a obrigação de cuidar dos bens de seus condôminos. No entanto, se dispõem de todo um aparato destinado a zelar pela guarda de tais bens, a responsabilidade pelo furto do veículo pertencente a condômino, ou de toca-fitas, pode ser-lhes tributada.
8. Responsabilidade por acidente do trabalho	A CF/88, no capítulo dos direitos sociais (art. 7º, XXVIII), assegurou a indenização acidentária, sem excluir a do direito comum, em caso de dolo ou culpa do empregador. Qualquer que seja o grau de culpa, terá o empregador de suportar o dever indenizatório, segundo as regras do direito civil, sem qualquer compensação com a reparação concedida pela Previdência Social.
9. Responsabilidade civil dos tabeliães	Os notários e escreventes de notas assumem obrigação de resultado perante as pessoas que contratam o correto exercício de suas funções, tendo responsabilidade civil contratual se não as cumprir. A ação pode ser direcionada contra o Estado, porque as atividades são exercidas por delegação do Poder Público (CF, art. 236, *caput*), baseada na responsabilidade objetiva consagrada no art. 37, § 6º, da CF, ou diretamente contra o notário ou registrador (Lei n. 8.935, de 18-11-1994, que regulamentou o art. 236 da CF), desde que o autor se proponha, nesse caso, a provar culpa ou dolo destes. A Lei n. 13.286, de 10 de maio de 2016, promoveu (a) a alteração do art. 22 da Lei n. 8.935/94 para estabelecer a responsabilidade civil subjetiva dos notários e dos oficiais de registro (art. 2º) e (b) a fixação do prazo prescricional de 3 (três) anos para a pretensão de reparação civil, contado o prazo da data de lavratura do ato registral ou notarial (art. 2º, parágrafo único).